VOCA

혼 동 하 기　쉬 운　영 단 어

POWER

수능 외국어영역 1등급을 위한 알찬 마무리

최연미 지음

크리킨디 출판사를 내며…

남미 안데스 지방에 사는 키추아 원주민 사이에서 전해지는 크리킨디라는 벌새 이야기입니다.
밀림에 불이 나 모두 도망가는데 혼자 작은 부리로 물을 머금고 와 불을 끄려 하자,
다른 동물들이 "그렇게 한다고 뭐가 달라지나?"라고 합니다.
그러자 크리킨디는 "그냥 내가 할 수 있는 일을 할 뿐이야!"라고 답했다 합니다.

언제나 새로운 분야에 도전한다는 것은 두려운 일인 듯합니다.

누군가에게는 '무모하거나 쓸데없는 짓'으로 보일지라도
작은 벌새 크리킨디처럼 세상을 향해, 사람을 향해
그저 지금, 제가 할 수 있는 일을 찾아 묵묵히 해 나가려 합니다.

“

무엇을 어떻게 볼 것인가? 그리고 무엇을 어떻게 할 것인가?
수업 설명회나 강의 첫 시간에 이 질문을 던지며, 앞으로 수업 목표와 방향을 제시합니다.

20여 년간 대치동과 노원 등 학원가에서 고3 수험생들에게 외국어영역을 지도, 관리했습니다. 지금은 일선에서 물러나 그동안 아이들과 함께하면서 아이들이 겪는 사고의 함정과 오류를 바로잡아 체계적으로 사고력을 키워, 스스로 문제를 해결할 수 있도록 돕기 위해 만들었던 책과 자료들을 정리해 출판을 준비하고 있습니다.

이제 수능 시험이 얼마 남지 않았습니다.
이맘때쯤, 마지막 관문인 시험장에서 작은 실수로 큰 낭패를 보지 않도록 하기 위해 마무리를 준비합니다. 마지막 전장에 나가는 비장한 마음으로 오답노트를 점검하고, 새로운 것을 공부하기보다 이미 아는 내용을 최대한 실수하지 않고 풀어내도록 잘 마무리 할 시간입니다.

첫 수능이 치러진 이래 최근까지 모든 지문과 그 출제자의 숨은 의도를 파악해보고 아이들이 수능에서 요구하는 본질을 이해하고 문제에 접근해 해결할 수 있도록 합니다.

모든 과목이 마찬가지지만, 특히 외국어 분야는 다양한 각도에서 접근해야합니다. 어휘, 듣기, 글 읽기, 글쓰기, 문법까지. 모국어와는 다른 여러 이유로 '공부'할 수밖에 없습니다.

이 중 어휘는 외우는 것 말고는 길이 없습니다. 어휘를 순간 잘못 파악하면 전체 지문을 이해하는 데 지대한 영향을 미치기도 합니다. 무작정 외우기보다 효과적으로 접근하고 마무리까지 할 수 있도록 합니다.

수많은 학생들을 직접 가르치고 지도, 관리하며 아이들이 자주 틀리는 문제를 파악하고 그 이유를 고민했습니다. 아이들이 혼동해 문제가 되는 어휘들을 중심으로 엮었습니다.

영어 단어는 발음이 비슷하거나(듣기), 철자가 비슷해서(독해·문법), 혹은 그 뜻이 유사해서(독해·문법) 혼동하게 되고 그로 인해 전체 단락을 이해하는 데 큰 지장을 초래하는 단어들을 따로 모아 수능 막바지에 늘 확인해 습관이 되게 돕기 위해 썼습니다.

마무리용인 만큼 시험을 앞둔 학생이 아니라면 이 책보다는 좀 더 체계적으로 접근하는 책을 선택해 공부하기를 권합니다. 각종 시험이 가까운 시점에 이 책을 보기를 권합니다.

여러 말들이 들리고, 우왕좌왕하기 쉽습니다. 이런 때일수록 중심을 잘 잡고 묵묵히 내 할 일을 하며, 내 갈 길을 가야 합니다.

모든 수험생을 응원합니다. 지금까지 잘해왔고, 앞으로도 그럴 겁니다.
자신을 믿고 잘 마무리해 바라는 결과를 내는 데 조금이나마 도움이 되었으면 하는 마음에 책을 낼 결심을 하게 되었습니다.

최 연 미

혼동하기 쉬운 영단어

A

Z

A

1. able / available / liable / reliable

☐☐ **able**

ⓐ **능력 있는, ~할 수 있는**
I guess computers will be **able** to converse like humans, too.

☐☐ **available**

ⓐ **이용 가능한, 입수 가능한, 유효한, 유용한, 시간이 있는**
The free app is **available** for iPhones and Windows Phones.
Beads are durable, portable, **available** in infinite variety, and valuable.
Instead, all options, including animal testing, should remain **available**.

☐☐ **liable**

ⓐ **책임 있는, 책임을 져야 할, ~하기 쉬운, 여지가 있는**
The employer is still **liable** to pay your next month's salary.
You're more **liable** for injuries when you don't maintain regular exercise.

☐☐ **reliable**

ⓐ **믿음직한, 믿을 만한, 신뢰할 만한; 확실한**
Cheap, not so **reliable** goods from China are nothing less and nothing more.

2. ability / availability / liability / reliability

☐☐ **ability**

ⓝ **가능성, 능력, 재능, 역량, 수완, 솜씨**
The reptile is famous for its **ability** to change color.

☐☐ **availability**

ⓝ **[1] 유용성, 유효성, 이용도; [2] 당선 가능성**
Even today, the benefits from the **availability** of this knowledge are immeasurable.

☐☐ **liability**

ⓝ **의무, 책임, 부채**
It is a clause that excuses a party to a contract from **liability**.

☐☐ **reliability**

ⓝ **신뢰성, 책임감 = accountability = responsibility**
Superbrands certifies quality and **reliability** of the goods or service by the affiliate companies.

3. aboard / abroad / board

☐☐ **aboard**

ⓐⓓ **탑승하여, 배 위에, 배로, 승선하여, 기내에**
Passengers are being seated **aboard** the plane.

☐☐ **abroad**

ⓐⓓ **해외로, 해외에서, 널리**
What do you think of traveling **abroad**?

☐☐ **board**

ⓝ **위원회, 이사회, …판, 보드** ⓥ **하숙시키다, 탑승하다**
The International Narcotics Control **Board** has said that when celebrities take illegal drugs, it glamorizes it.

4. absorb / absurd

☐☐ **absorb**

ⓥ **흡수하다, 열중하다, 받아들이다, 빼앗다, 빨아들이다**
Dry sand **absorbs** water.
It will **absorb** much more light than any other telescope.
One of the concerns is that we are **absorbing** far too much information.

☐☐ **absurd**

ⓐ **불합리한, 터무니없는, 황당한**
It was **absurd** of you to suggest such a thing.
However, they made **absurd** remarks again on Dokdo and many Koreans are very angry.

5. abstain / sustain

☐☐ **abstain**

ⓥ **삼가다, 절제하다, 끊다**
The doctor ordered me to **abstain** from drinking.
Members which **abstain** from voting are considered as not voting.
Recovering alcoholics should **abstain** from drinking even a single glass of beer.

☐☐ **sustain**

ⓥ **지속하다, 부양하다, 지탱하다, 견디다, 지지하다, 부상을 입다**
We are nurtured, and **sustained** by others.
Tornadoes require just the right set of climate conditions to form and **sustain**.
The injury was **sustained** when Choo sprained his thumb while diving to catch the ball.
There is no guarantee that it will be **sustained**.
Objection. 이의 있습니다. / **Sustained**. 인정합니다.

6. abstract / contract / extract / refract / subtract

□□ **abstract**

ⓐ 추상적인 ⓥ 요약하다
The word and its meaning are not direct, it is instead **abstract**.

□□ **contract**

ⓝ 계약서, 계약
ⓥ ¹ 계약(하다), ² 수축하다, 축소하다, ³ (병에) 걸리다
You must submit an **contract** before presenting your paper.

□□ **extract**

ⓥ 추출하다, 이끌어내다, 채굴하다 ⓝ 추출물, 농축액
They know how to **extract**, reform and collect.
He had to go to the dentist to **extract** a loose tooth.
Ginseng is available in the form of liquid **extracts**.

□□ **refract**

ⓥ 굴절시키다
Light **refracts** when it passes from water to air.

□□ **subtract**

ⓥ 빼다, 공제하다
His owner, David Madsen, says that Beau counts, add, and **subtracts**?

7. abstraction / contraction / extraction / refraction / subtraction

□□ **abstraction**

ⓝ 추상, 분리, 방심, 추상명사
You state them as **abstractions** and you use logic on them.
All things are explained by metaphysical **abstractions**.

□□ **contraction**

ⓝ ¹수축, 축소, 축약; 하락, 침체, ² (병에) 걸림
After **contraction**, the segments relax and regain their original shape.
The prediction is an upward revision from a 2-percent **contraction** projected in April.
The economic **contraction** has caused policymakers and think tanks to cut their growth forecasts for the year.

□□ **extraction**

ⓝ 추출, 뽑아냄, 발췌, 적출, 진액
By barcoding fish, one can trace all fishery products, including egg **extraction** and feed.

□□ **refraction**

ⓝ 굴절, 대기차, 굴사
The **refraction** makes their gold wings look red.

□□ **subtraction**

ⓝ 빼기, 공제, 뺄셈
The app can deal with addition, **subtraction**, division, and multiplication.

8. accept / except / expect

□□ **accept**

ⓥ **받아들이다, 용인하다, 수락하다, 인정하다, 응하다**
acceptable ⓐ **수용할 수 있는** / **acceptance** ⓝ **수령; 수락**
How did you get them to **accept** our offer?
The public should **accept** a little inconvenience to better ensure our safety.

□□ **except**

ⓟ **~을 제외하고, ~이외에는** ⓥ **~을 제외하다, 예외로 하다; 이의를 제기하다**
ⓒ **~라는 것을 제외하고**
Everyone is ready **except** you.
The government **excepts** him from the amnesty.
The experimental robots cannot do anything else **except** copying themselves now.

□□ **expect**

ⓥ **기대하다, 예상하다, 바라다, 기다리다, 추측하다**
When do you **expect** Ms. Greene to be back?
As **expected** the wedding was full of K-pop singers wishing her the best.

9. access / assess / excess

□□ **access**

ⓝ/ⓥ **접근(하다), 이용(하다), 접속(하다), 출입(하다)**
Access is denied.
The surge is due to the ease with which people can **access** junk food.
It will provide faster and easier **access** to the Olympic game venues for visitors.

□□ **assess**

ⓥ **평가[사정]하다(=evaluate =estimate), 결정하다, 부과하다**
ⓝ **assessment 평가**
How do you **assess** your students?
One can **assess** the type of tree by looking at its characteristics.

□□ **excess**

ⓝ **과다, 과잉, 초과, 여분, 무절제, 남용**
Excess in any exercise strains the heart.
Vitamin C can be harmful if consumed in **excess**.
Dearth—not **excess**—**of** welfare matters here. *dearth 부족, 결핍, 기근
The emergence of such super bacteria is the result of an **excess** use of antibiotics.

10. accommodate / accumulate

□□ **accommodate** ⓥ **수용하다, 숙박시키다, 편의를 도모하다, 맞추다**
The hospital can **accommodate** 100 patients or so.
We always try to **accommodate** our clients with financial assistance if necessary.

□□ **accumulate** ⓥ **축적하다, 누적하다, 늘다, 모으다**
By investing in stocks he **accumulated** a fortune.
The discounter said the **accumulated** points may be redeemed at any time.
His wealth was gradually **accumulating**.

11. accompany / accomplish

□□ **accompany** ⓥ **동행하다, 동반하다, 수반하다, 수행하다, 따르다; 차지하다**
In that case, you'll have to **accompany** me.
Celebrity endorsement is now **accompanied** by an age of accessible information.

□□ **accomplish** ⓥ **성취하다, 달성하다, 완수하다**
Did you **accomplish** your task?
What was the most impressive thing you **accomplished** as a student?

12. acquire / inquire / require

□□ **acquire** ⓥ **1 얻다, 획득하다, 인수하다, 구입하다; 2 배우다**
How can the customer **acquire** the equipment?
It enabled me to **acquire** service skills and to learn how to handle people.

□□ **inquire** ⓥ **질문하다, 문의하다, 조사하다**
I **inquired** the way to the station.
The police **inquired** into Mary's absence.

□□ **require** ⓥ **요구하다**
The work **required** infinite patience.

13. adjoin / adjourn

□□ **adjoin**

ⓥ [1] **~에 인접하다, 접하다; [2] 결부시키다, 덧붙이다**
Canada **adjoins** the United States.
"What about the office building that **adjoins** the driveway?" Vance asked.

□□ **adjourn**

ⓥ **휴회하다, 연기하다; 자리를 옮기다**
The chairman has the power to **adjourn** the meeting at any time.
The meeting was **adjourned** until Friday.

14. addition / addiction / edition

□□ **addition**

ⓝ [1] **추가, 덧셈; [2] 증축; [3] 등재**
These new **additions** will be completed by the end of this year.
It is the first time any big **additions** have been made in over three years.

□□ **addiction**

ⓝ [1] **중독, 탐닉; [2] 상용**
Cope with Internet game **addiction**.
Internet **addiction** is a serious problem.

□□ **edition**

ⓝ **판(版), 1회분**
It was special, limited **edition** from a design company in Denmark.
Despite the hardships, the fourth **edition** of the festival opened recently.

15. add / additive / additional / addict / addictive

□□ **add**

ⓥ **덧붙이다, 더하다, 추가하다, 포함시키다, 증가하다**
They **added** that it seems to be a royal tomb of Silla.
A study by the Georgia Institute of Technology **adds** another benefit.

□□ **additive**

ⓐ [1] **부가적인, 추가적인; [2] 덧셈의;** ⓝ [3] **첨가물**
The truth is there are other hundreds of toxic ingredients and **additives**.

□□ **additional**

ⓐ [1] **추가적인, 부가적인, 다른; [2] 특별한; [3] 더, 또**
The science track, for instance, includes **additional** math and science courses.
An **additional** 48 percent is suitable only for grazing sheep, goats, and camels.

□□ **addict**

ⓥ **중독시키다, 중독되다;** ⓝ **중독자**
They were **addicted** before knowing the meaning of the lyrics.
It is similar to what alcoholics and drug **addicts** feel.

□□ **addictive**

ⓐ [1] **중독성의, 습관화된; [2] 남을 사로잡는**
Any drug this **addictive** and destructive should be illegal.
Cosmetic surgery is **addictive**.

16. adjust / adjunct / adjacent / adjective

□□ **adjust**
ⓥ 조정하다, 적응하다, 순응하다, 감안하다, 조절하다, 맞추다
adjustment : ⓝ 조정
With this knowledge, I can **adjust** the amount of time that our class spends on a particular subject.
The screen **adjusts** light and then the images to fit your eyes.

□□ **adjunct**
ⓝ 부속물, 보조물, 부가물 ⓐ 부속하는
I will entertain this concept as an **adjunct** to the main proposal.
From 1966 to 1969 he was **adjunct** professor at Fordham University.

□□ **adjacent**
ⓐ 인접한, 이웃의, 부근의; 직전(직후)의
There are also two roads **adjacent** to the railway lines.

□□ **adjective**
ⓝ 형용사 ⓐ 형용사의, 부수적인, 종속적인
Adjective is a word that describes a noun or pronoun.

17. admit / commit / emit / omit / permit / summit / transmit

□□ **admit**
ⓥ 인정하다, 시인하다; 허용하다, 허가하다, 승인하다, 입원시키다
You have to **admit** that I also become moody sometimes.
The number of women **admitted** to college has drastically increased.
He died immediately after being **admitted** to the hospital for heart tests.

□□ **commit**
ⓥ 1 (범행을) 저지르다, 범하다, 전념하다; 2 ~에 위임하다, 3 수용하다; 약속하다
Those who do drop out are more likely to **commit** crimes and get in trouble with the law.
Of course, you have to **commit** to your goal until you achieve it!

□□ **emit**
ⓥ 발산하다, 방출하다, 내뿜다
Bicycles, however, do not **emit** any bad gases or carbon dioxide.
They **emit** an unpleasant odor to protect the seeds from enemies, such as insects.

□□ **omit**
ⓥ 빠뜨리다, 생략하다, 제외하다, 누락하다; 빠지다
The fact that Mr.Clark saved the ship was **omitted** from the battle report.
Unintentionally I **omitted** to mention I would be absent the next day.

□□ **permit**
ⓥ 허락하다, 허용하다, 허가하다, 용납하다
Also, sports were officially **permitted** in private girls' schools just earlier this month.

□□ **summit**
ⓝ 정상, 꼭대기; 정상회담; 지도자
The **summit** is a meeting where the leaders from 20 countries get together.
Hopefully the **summit** will propel stable growth for our economy.

□□ **transmit** ⓥ **(화물 등을) 부치다, 보내다; (병 등을) 옮기다, 전염시키다; (빛, 열) 전도하다; (지식 등을) 전파(보급)하다**
The energy is directly **transmitted** to a USB port that you can plug into electric devices.
The heartworm is a parasite that affects household pets and the larvae are **transmitted** by mosquitoes.
We were ordered to **transmit** the book from hand to hand.

18. adolescent / adolescence

□□ **adolescent** ⓝ **청소년; 청년**
She invented an anti-cyberbullying program for **adolescents**.

□□ **adolescence** ⓝ **청소년기, 사춘기**
All young children go through a stormy period of **adolescence**.
Trials of **adolescence** help young children set their lives' goals.

19. adopt / adapt / adept

□□ **adopt** ⓥ **1 채택하다, 입양하다; 2 도입하다; 3 취하다, 적용하다**
Adopt a low-fat, nutritional lifestyle.
Seoul now becomes the second city after Gwangju to **adopt** the strict policy.
Should a gay couple hold the right to **adopt** children?

□□ **adapt** ⓥ **적응시키다, 적응하다, 순응하다, 각색하다**
Feral cats have **adapted** well to life in the desert.
This article is **adapted** from lectures by professor Choi, Jin-seok of Sogang University.

□□ **adept** ⓐⓝ **숙달한(자), 능숙한, 숙련된, 숙달된**
= skillful = adroit = dextrous
She's very **adept** at making people comfortable.
The flatfish is remarkably **adept** at hiding itself on the ocean floor.
He was **adept** in the art of conversation.

20. adoption / adaption / adoptee

□□ **adoption** ⓝ **채택 채용; 입양**
The **adoption** process goal is to discover the most suitable parents for that child.

□□ **adaption** ⓝ **적응; 각색**
The **adaption** was written by Neil Gaiman and the artwork was by Michael Zulli.

□□ **adoptee** ⓝ **입양아, 채용된 것**
On what grounds can Koreans feel pride in a successful Korean **adoptee**?

21. advise / devise / revise

□□ **advise** ⓥ **1 조언하다, 충고하다, 권하다 2 알리다 3 상담하다**
If you know anyone who smokes, **advise** them to stomp out the cigarette.
He will **advise** on retail and distribution operations and marketing between Asia and Europe.

□□ **devise** ⓥ **1 고안하다, 발명하다, 궁리하다 2 추진하다**
The government must **devise** multiple options to generate additional jobs.
Today's tomato ketchup was **devised** by the American Henry J. Heinz in 1876.

□□ **revise** ⓥ **개정하다, 교정하다, 수정하다, 조정하다, 변경하다** ⓐ **새로운**
He **revised** down the 2006 average *forex rate forecast to 980 won from 1,015 won.
Starting new semester, all first and second graders in elementary schools study math with a newly **revised** textbook.

22. advice / device / revision

□□ **advice** ⓝ **충고, 조언, 도움, 권고, 지시**
She said she needed my **advice** about some important things.
The soccer players gathered around the coach to listen to his **advice**.

□□ **device** ⓝ **1 장치, 기기, 기구, 2 고안, 3 폭발물**
It seems like Peter really enjoys playing with the **device**.
Plugging in USB or other **devices** is a bit tricky.
I wish someone would a **device** that will do my Eng-lish homework.

□□ **revision** ⓝ **개정, 보정, 교열, 교정; 개정판**
The **revision** shows how desperate the party needed a new leader.
These **revisions** may be grammar corrections, word usage, and word order.
You may write a draft, do **revisions**, and edit on scratch paper.

23. admission / emission / omission / permission

□□ **admission** ⓝ 1 입장[입학], 허가; 입장료; 2 용인, 승인 3 자백, 고백, 시인
Admission to public educational facilities should be free for students.
It was like an **admission** of her guilt.

□□ **emission** ⓝ 발산, 방출; 배출
Greenhouse gas **emission** is one of the major causes of global warming.
X-ray **emissions** from NGC 4151 were first spotted in 1970.

□□ **omission** ⓝ 1 생략, 누락; 2 태만
It is high time that the **omission** were supplied.
The textbooks included the distortion, reduction, and **omission** of many historical facts.

□□ **permission** ⓝ 1 허가, 허락, 허용; 2 승인, 면허; 3 동의
She has asked the Seoul Arts Center for **permission** two times.
That is why I need to get my mom's **permission**.

24. advent / adventure / adverb

□□ **advent** ⓝ 출현(=appearance), 도래 ⓥ ~을 위험에 빠뜨리다, 위험을 무릅쓰다
And this was where the **advent** of technology led to the beginning of the newspaper.
Life in Britain was transformed by the **advent** of the steam engine.

□□ **adventure** ⓝ 모험, 사건; 도전
Let's enjoy the musical and find out about their **adventures**!
His new **adventure** and challenge will be serving as a combat pilot in Afghanistan.

□□ **adverb** ⓝ 부사
Make sentences using **adverbs** and adjectives.

25. adverse / advert / adversary / adversity / advertent / inadvertently

□□ **adverse**

ⓐ 1 거스르는, 반대의, 반대하는; 2 불리한, 불행한; 3 반대쪽의(=opposite)

It seems that the **adverse** effects of the low birthrate continue to appear year after year.

It might have an **adverse** effect.

Why do climbers put up with the **adverse** weather and risk their lives to obey the rules of Mother Nature?

□□ **advert**

ⓥ 언급하다, 주의를 돌리다 ⓝ 광고

The dictator's cabinet tried to **advert** people's interest to sports.

All forms of media, from newspapers to films are also filled with countless **adverts**.

□□ **adversary**

ⓝ 적, 상대 ⓐ 적의, (원고, 피고 등) 당사자의

There was no **adversary** strong enough to withstand the boxer's famous right hook.

The lawyer was disconcerted by the evidence produced by her **adversary**.

□□ **adversity**

ⓝ 역경(=hardship), 재난, 불운

She overcame **adversities** and hardships.

Their stories are a reminder that hard work through **adversities** can lead to success in life.

□□ **advertent**

ⓐ 1 조심하는, 주의 깊은(=attentive =alert =careful =cautious); 2 신중한

This however had an **advertent** effect on the training of the personnel in Bde.

□□ **inadvertently**

ad 무심코, 우연히, 실수로, 본의 아니게

He was embarrassed when he **inadvertently** called the wrong number.

He is **inadvertently** pushing his country towards an Islamic revolution.

26. affect / effect

☐☐ **affect**

ⓥ ¹ 영향을 미치다; ² 작용하다; ³ 마음을 움직이다; ⁴ (병이) 침범하다
Some plants are quickly **affected** by cold.
The left lung is **affected** by cancer.
Care **affects** the health.

☐☐ **effect**

ⓝ 결과, 효능, 효력, 영향, 효과 ⓥ 초래하다, 달성하다, 실행하다
Punishment had very little **effect** on him.
The medicine took instant **effect**.
At last, she **effected** her purpose.

27. affection / affectation / affectionate / affective / effective / effectual

☐☐ **affection**

ⓝ ¹ 애정, 사랑, 호의, 애착 ² 병, 질환 ³ 작용, 영향; 성향, 성질
His **affection** for his wife remains unabated.
Without shared emotions or **affection** to others, we cannot expect to laugh.

☐☐ **affectation**

ⓝ 가장, ~하는 체함, 허세
Her love of jazz was just an **affectation**.

☐☐ **affectionate**

ⓐ 다정한, 애정 어린, 자애로운
She is very affectionate. I mean she's quite **affectionate** for a child.
They are playful and **affectionate**.

☐☐ **affective**

ⓐ 감정의, 감정에 관한, 정서의
Affective meaning has to do with the personal feelings or attitudes of the speaker.

☐☐ **effective**

ⓐ ¹ 효과적인, 효력 있는, 효율적인; 유효한, 유능한 ² 감동적인 ³ 실제의, 사실상의
He is one of my most **effective** players on the field.

☐☐ **effectual**

ⓐ ¹ 효과적인, 유효한 (사람에게는 안 씀) ² 알맞은, 법적 구속력이 있는
They wish to promote a real and **effectual** understanding between the two countries.
So who was more **effectual**?

28. affirm / reaffirm / confirm / conform / inform / reform

□□ affirm

ⓥ 확언하다, 단언하다, 주장하다; 확인하다
It is **affirmed** by my signature.
The waiter **affirmed** that the suspect had dropped by the bar last night.

□□ reaffirm

ⓥ 재확인하다

□□ confirm

ⓥ 확인하다, 공식화하다, 확정하다, 입증하다, 승인하다
Many studies have **confirmed** the cheetah is the fastest land animal in the world.
He **confirmed** that they will stick to that.
I'd like to **confirm** my ticket.

□□ conform

ⓥ 1 일치하다 2 따르다, 순응하다
Students might also try to **conform** in harmful ways.
We all must **conform** to our society to a certain extent.

□□ inform

ⓥ 1 알리다, 통지하다 2 정보를 제공하다 3 밀고하다, 고소하다
The government will officially **inform** us on the decision through the Department of Defense.
One of the pickpockets **informed** on his partners to the police.

□□ reform

ⓥ 개혁하다, 개선하다 ⓝ 개량, 개선, 혁신, 쇄신
It is for this reason that the Catholic Church needs **reform**.
He was known for various attempts to **reform** and improve the nation.

29. afflict / conflict / inflict

□□ afflict

ⓥ 괴롭히다, 가하다, 지게 하다
Don't **afflict** me with your complaints.
A government that **afflicts** illness to them before presenting medicine is a bad one.

□□ conflict

ⓥ 충돌하다, 대립하다, 모순되다 ⓝ 1 갈등, 분쟁, 충돌, 투쟁 2 불일치, 부조화
My interests **conflict** with his.
It is simply not fair to not even register the potential **conflict**.

□□ inflict

ⓥ (고통, 형벌, 체벌 등을) 가하다, 입히다
No one has the right to **inflict** such suffering on other human beings.
Maintaining Dynasty **Inflicts** Too Much Pain on People.

30. affliction / confliction / infliction

□□ **affliction** ⓝ 고통, 고뇌, 불행, 괴로움; 질병
Society must deal with the **affliction** of poverty in its public policies.
In 1987, Schreyer was quoted describing homosexuality as an "**affliction**".

□□ **confliction** ⓝ 싸움, 충돌
We need to resolve the generational **confliction**.

□□ **infliction** ⓝ 처벌, 형벌, 시련; (고통, 타격 등을) 주기, 가하기
This is unjust and a terrible **infliction** on Hindus.

31. affluence / influence

□□ **affluence** ⓝ 1 풍부함, 유복; 2 유입, 쇄도
The coexistence of public poverty and private **affluence** is nothing new.
an **affluence** of refugees

□□ **influence** ⓝ 1 영향력, 작용, 감화; 2 세력, 실력자 ⓥ 영향을 미치다, 지배하다, 움직이다
The nation's **influence** in the international community is clearly evident.
A public organization has lost the people's money because of political **influence**.

32. affluent / influent / influential / fluent / fluency

□□ **affluent** ⓐ 풍부한, 부유한, 유복한
The craze over studying abroad started in the **affluent** Gangnam area in southern Seoul.
Many of the region's residents are older and less **affluent**.

□□ **influent** ⓐ 유입하는, 흘러드는 ⓝ 지류
The party has socialist leanings and is **influent** in North India.

□□ **influential** ⓐ 영향력 있는, 유력한
Psy Is the 39th Most **Influential** Man in the World!
Now, there is no doubt that he is the world's most famous and **influential** actor.

□□ **fluent** ⓐ 1 유창한, 능숙한, 거침없는, 달필의 2 완만한, 부드러운 3 유동성의, 유연한
All members are now **fluent** in English and Japanese.
Let's hope Alexia will stay healthy and become **fluent** in many more languages.

□□ **fluency** ⓝ 유창함, 능변
A student may not want a job that requires **fluency** in a second language.
I have native **fluency** in English because I lived in the United States for ten years.

33. agent / agency / agenda

□□ **agent**

ⓝ 대리인, 요원, 매개물, 행위자

The distinctive story involving secret **agents** and a terrorist earned high ratings and much fame.

Consequently, their success has led to a renewed interest in secret **agents** or spies.

□□ **agency**

ⓝ [1] 대리점, 대행업소, 기관 [2] 매개, 중개 [3] 힘, 작용

The World Health Organization , one of the UN **agencies**, began to analyze the Ebola virus in Africa last March.

□□ **agenda**

ⓝ [1] 안건; 의사일정 [2] 예정표

The party also set its **agenda** for the next decade.

He is proclaiming to steer the national **agenda** in different directions from American president Obama.

34. ailment / ointment

□□ **ailment**

ⓝ 병, 질환

A great number of people suffer from respiratory **ailments** during the yellow dust season.

□□ **ointment**

ⓝ 연고

Apply **ointment** to a wound.

It is safe to use a steroid **ointment** in the morning.

35. alike / like / likely

□□ **alike**

ⓐ 비슷한(=similar), 서로 같은, 한결같은 ⓐⓓ 똑같이, 한결같이, 동등하게

All music is **alike** to him. (He has no ear for music.)

The books were loved by both children and adults **alike**.

□□ **like**

ⓐ [1] 닮은, 같은, 비슷한(=similar) ; [2] ~다운, ~에 어울릴 것 같은

The brothers are as **like** as two peas.

Like father, **like** son. (부전자전)

□□ **likely**

ⓐ [1] 가능성 있는, 있을 법한(=probable), 그럴 듯한, 있음 직한, 적합한 ; [2] ~할 것 같은

ⓐⓓ 아마 ⓐⓓ probably; possible

likelihood : ⓝ 가능성, 있음 직함

Also, fast food eaters are more **likely** to be less active.

Climate change is **likely** to hurt some nations more than others.

This looks a **likely** field for grapes.

36. aisle / isle

☐☐ **aisle**

ⓝ **통로, 복도**

A window or an **aisle** seat?
It also has wide **aisles** for wheelchair users.
He didn't think of it until he was halfway through the **aisle**.

☐☐ **isle**

ⓝ **섬, 작은 섬; 제도**

There is an **isle** halfway up the river.
That's why Ireland is called the Emerald **Isle**.

37. allow / arrow

☐☐ **allow**

ⓥ **허락하다, 내버려두다, 주다, 인정하다; 가능하게 하다**

This **allows** kids to build up self-confidence.
The universities **allow** students to play with the dogs at school.

☐☐ **arrow**

ⓝ **화살** ⓥ **날리다, 날다**

They hunted with bows and **arrows**.

38. alloy / alley / ally / allay

☐☐ **alloy**

ⓝ **합금, 순도, 혼합물; 불순물** ⓥ **합금하다, 섞다; 조절하다**

Police will arm street cops with lighter, harder clubs made of aluminum **alloy**.
My pleasure in receiving the letter was somewhat **alloyed** by its contents.

☐☐ **alley**

ⓝ **좁은 길, 뒷골목, 오솔길, 샛길**

The brook is trickling along the **alley**.
He was taken to a back **alley**, where they worked him over.

☐☐ **ally**

ⓥ **1 동맹하다, 제휴하다 2 혼인하다**
ⓝ **1 동맹국, 연합국, 협력자 2 동족의 것**

Denmark has been a strong **ally** to South Korea since the 50s.
Kim admitted the **allied** forces were unprepared for the North's attack.

☐☐ **allay**

ⓥ **진정시키다, 완화시키다, 가라앉히다(=calm)**

He did what he could to **allay** his wife's fears.
However, the Australian government has tried to **allay** the fears of Koreans.

39. almost / most / mostly

☐☐ **almost**

ⓐⓓ **거의**

Almost all the people came out.

Almost all live in China's mountainous Sichuan Province.

☐☐ **most**

ⓐ **1 대부분의, 대개의, 가장 큰[많은], 2 주된, 주요한**

ⓐⓓ **가장 많이, 최대한으로, 매우**

ⓟⓝ **대부분** ⓝ **최대(량[수]), 최대한도**

Most people like apples.

We look most diligent and are often **most** unproductive. Why?

Most of the people who live on the island are Eskimos.

Most of the population of Paraguay are Catholic.

☐☐ **mostly**

ⓐⓓ **1 대개, 대부분, 주로(=chiefly) 2 거의 3 일반적으로**

The audience were **mostly** women.

T-shirts are **mostly** made of cotton.

The audience was packed with **mostly** teenagers and young adults in their 20s.

40. alternate / alternative / alterative

☐☐ **alternate**

ⓐ **교대로, 번갈아 하는, 하나 걸러의, 상호간의(=reciprocal)**

ⓥ **교대하다, 번갈아 하다, 교체하다, 교류하다**

ⓐⓓ **alternately 교대로, 번갈아**

He and his brother do the work on **alternate** days.

For some poems, the readers **alternate** reading the lines of the poem.

It was all about finding an **alternate** source for fuel.

☐☐ **alternative**

ⓐ **양자택일의, 대체의, 선택적인, 새로운** ⓝ **양자택일, 대안**

ⓐⓓ **alternatively 양자택일로**

We have no **alternative** but to work.

What **alternative** do we have?

The market is a successful **alternative** model for Korea's other traditional markets.

☐☐ **alterative**

ⓐ **변화를 촉진하는, 서서히 회복시키는** ⓝ **변질제(요법)**

What is the **alterative**?

I have never seen any **alterative** to the accepted ways for diabetes.

41. alternation / alteration

□□ alternation
ⓝ **교대, 교체**
Alternation in the gender of children is enforced with pheromones.
This cycle is known as **alternation** of generations or **alternation** of phases.

□□ alteration
ⓝ **1 변경, 개조 2 변화, 변질**
The prices are subject to **alteration**.
The skirt needs **alteration**.

42. alter / altar

□□ alter
ⓥ **1 변경하다, 바꾸다(=change), 고치다, 개조하다 2 변하다, 바뀌다**
He **altered** his house into a store.
This ultimately **alters** and changes our DNA as we grow from a single cell to an infant.

□□ altar
ⓝ **제단(대)**
The groom is standing in front of the **altar**.
The memorial **altar** set up in front of City Hall in Seoul was visited by thousands of people.

43. alternately / alternatively

□□ alternately
ⓐⓓ **교대로, 번갈아**
He could **alternately** bully and charm people.
Porters carried them **alternately** but it weighed quite a bit.

□□ alternatively
ⓐⓓ **양자택일로, 그 대신에**
Add dry ingredients in small amounts **alternatively** with milk
After then, they were given female and male names **alternatively** every other year.

44. altitude / latitude / attitude / aptitude

□□ **altitude**
ⓝ 1 고도, 높이, 해발 2 고지(=high place) 3 절정, 극치
The plane is cruising at a moderate **altitude**.
Scientists have learned that it eats insects and lives in damp high-**altitude** forests.

□□ **latitude**
ⓝ 1 위도, 지방, 지대 2 자유, 3 허용범위, 영역
On a globe or map, **latitude** and longitude meet perpendicularly.
His parents gave him **latitude** to stay out late because of his good grades.

□□ **attitude**
ⓝ 태도, 자세, 몸가짐
She has a very positive **attitude** to life.
They took the **attitude** that they could not handle the problem.

□□ **aptitude**
ⓝ 1 적성, 능력; 소질 2 경향, 습성, 성질, 성향 3 이해력
She has an **aptitude** for music.
A man with **aptitude** will find his opportunity.

45. amaze / amuse

□□ **amaze**
ⓥ 놀라게 하다
He always **amazes** me.
I've had the most **amazing** 10 years of my life.

□□ **amuse**
ⓥ 즐겁게 하다, 위안하다, 기분을 전환시키다
Little things **amuse** little minds.
She might find you very **amusing** at first sight too.

46. anchor / anchorage / encore

□□ **anchor**
ⓝ 닻; (뉴스 프로의) 앵커; 지주
ⓥ 정박하다, 닻으로 고정시키다; 닻을 내리다, 고착하다, 부착하다
The host of this show will be Anderson Cooper, a famous CNN news **anchor**.
Last week, scientists found one of the **anchors** from his ship.
The Captain **anchored** the boat at dusk.

□□ **anchorage**
ⓝ 1 닻을 내림, 정박 2 정박지
For the next 19 days, she fueled Allied ships in Icelandic **anchorages**.
Some fishing boats utilise the **anchorage** when prevailing weather is not a problem.

□□ **encore**
ⓝ 재청, 재연주 ⓥ 앙코르를 요청하다
Houston successfully wrapped up the concert by throwing kisses after singing an **encore**.
Unfortunately, there won't an **encore** performance by Rios next season.

47. annotate / nominate / denominate

□□ **annotate**
ⓥ 주석을 달다
He **annotated** Arnold's essays.
You can **annotate** the stuff, send it to your friends.

□□ **nominate**
ⓥ 1 지명[임명]하다 2 지정하다
The Prime Minister **nominated** him Foreign Minister.
Hugo, the latest movie of Martin Scorsese, was **nominated** for 11 Academy Awards.

□□ **denominate**
ⓥ 명명하다, ~에 이름을 붙이다, ~을 부르다
Being the highest-**denominated** bill, the bill is a becoming a target for money counterfeiters.

48. annotation / nomination / denomination

□□ **annotation**
ⓝ 주석; 주석 달기
The booklet includes a fairly detailed biography, as well as musical **annotation**.

□□ **nomination**
ⓝ 지명, 임명, 추천
It was the oldest **nomination** in the Academy Award's history.
Chief Justice Lee Yong-hoon tendered his **nomination** to President Roh Moo-hyun yesterday.

□□ **denomination**
ⓝ 1 명칭, 호칭 2 (종교의) 분파, 3 (우표 등의) 액면가, 화폐 금액
Each **denomination** had assets that allowed it to thrive on the frontier.

49. anonymous / unanimous

□□ **anonymous**
ⓐ 1 익명의, 작자 불명의 2 평범한, 특색 없는
How do you feel about being **anonymous** on the Internet?
An **anonymous**, online bidder purchased the suit.

□□ **unanimous**
ⓐ 만장일치의, 의견이 일치한
The committee was **unanimous** in their approval of the plan.
We are **unanimous** in protesting the ratification of the new treaty.

50. announce / denounce / renounce / pronounce

□□ **announce**

ⓥ 1 **발표하다, 공시[고지]하다, 선언하다** 2 **암시하다, 증거가 되다** 3 **입후보를 발표하다**

Recently, the bank of England **announced** a new design for its £5 banknote.
The government has never **announced** this operation to the public before.

□□ **denounce**

ⓥ 1 **비난하다, 비판하다, 나무라다** 2 **고소[고발]하다** 3 **반대하다**

The policeman's action was **denounced** in all the newspapers.
Business organizations also **denounced** the North's provocations.

□□ **renounce**

ⓥ 1 **포기하다, 버리(=surrender, give up),** 2 **부인하다** 3 **단념하다**

The residents of illegally built shacks refused to **renounce** their claim on the territory.
My father **renounced** smoking and drinking last week.

□□ **pronounce**

ⓥ 1 **발음하다; 선언하다** 2 **언도하다, 선고하다, 진술하다, 주장하다**

Some names are easy to **pronounce**, while some are difficult.
It's very hard to **pronounce** his last name!

51. announcer / announcement / denouncement / renouncement / pronunciation / renown

□□ **announcer**

ⓝ **아나운서, 해설자**

She also worked as an **announcer** at a broadcasting station.

□□ **announcement**

ⓝ **발표, 공고, 고지, 고시**

North Korea's **announcement** may turn out to be a fear mongering tactic.
There are two **announcements** that I have been asked to make.

□□ **denouncement**

ⓝ **비난(=denunciation), 고발**

A recurring theme in his writing is the **denouncement** of the horror of war.

□□ **renouncement**

ⓝ **단념, 포기, 파기**

At Tule Lake, he had observed many of the **renouncement** hearings.

□□ **pronunciation**

ⓝ **발음, 발음법**

Sometimes I don't understand American' **pronunciation**.

□□ **renown**

ⓝ **명성, 유명**

Renown is a source of toil and sorrow; obscurity is a source of happiness.

52. anonymity / unanimity / antonym / synonym / pseudonym

□□ **anonymity** ⓝ 익명, 작자 불명
The relative **anonymity** of the Internet makes trolling and online abuse difficult to stop.

□□ **unanimity** ⓝ 만장일치, (전원) 합의, 일치, 동의
Firstly, today's meeting will be conducted according to the **unanimity** rule.

□□ **antonym** ⓝ 반대말, 반의어
Antonyms are words that mean the opposite of each other for example, up and down, or in and out.

□□ **synonym** ⓝ 동의어, 유의어
End and aim are **synonyms**.
This is one reason English is rich in **synonyms**.

□□ **pseudonym** ⓝ 익명, 가명, 필명
She published the book under the **pseudonym** Robert Galbraith.
Both authors are rumored to be **pseudonyms** for Seinfeld or a friend of his.

53. antidote / antigen / antibody / antibiotics / preservatives / deodorant / softner

□□ **antidote** ⓝ [1] 해독제(=antitoxin), 항독소 [2] 방어[교정] 수단 [3] 치료법
The **antidote** to snake bites is made from the snake's own antibodies.

□□ **antigen** ⓝ 항원, 항원성 약제
One method comprises inserting more of the viral **antigen** into the potato.

□□ **antibody** ⓝ 항체, 항독소
They help make **antibodies** to fight many diseases.

□□ **antibiotics** ⓝ 항생제, 항생물질 ⓐ 항생의, 항생물질의
Penicillin remains one of the most important **antibiotic** drug treatments to this day.

□□ **preservatives** ⓝ 방부제, 보존제 ⓐ 방부의, 보존하는, 보존력 있는
How much **preservative** does the hamburger in question contain?

□□ **deodorant** ⓝ 방취제, 탈취제 ⓐ 방취 효과가 있는
Many adults use **deodorants** especially in the summer when they sweat a lot.

□□ **softner** ⓝ [1] 유연제, 연화제 [2] 부드럽게 하는 사람, 누그러지게 하는 사람
Glycerin and vegetable oil products are used as **softeners**.
The **softener** creates a film that reduces the towels' absorbency.

54. anticipate / participate / precipitate

☐☐ **anticipate** ⓥ 1 기대하다, 예상하다, 예견하다, 예측하다 2 앞서다, 앞당기다

We **anticipate** much pleasure from our trip to London.

However, no one had **anticipated** such a feverish reaction to Blizzard's new release.

☐☐ **participate** ⓥ 1 참여하다, 참가하다, 참석하다 2 함께하다(=share), 동참하다 3 관계하다

Many American families, hotels, and schools **participated** in the movement.

Does this mean only the experienced can **participate** in the contest?

☐☐ **precipitate** ⓥ 1 재촉하다, 촉진하다 2 거꾸로 떨어뜨리다; 뛰어들다 3 침전[응결] 시키다

The government **precipitated** the civil war and closed down the embassies.

The crash of 1929 **precipitated** the Great Depression of the 1930s.

It's this dark purple **precipitate** within the cell that's telling us a gene is turned on there.

55. anticipation / participation / participant / precipitation

☐☐ **anticipation** ⓝ 1 기대, 예상, 선견 2 앞지르기

Many fans will be in **anticipation** of his future success.

That person may have been lying down all day in **anticipation** of a trip to the grocery store.

☐☐ **participation** ⓝ 참여, 관여

They boost public **participation** in politics at national and local levels.

A majority said their health improved, thanks to their **participation** in sports activities.

☐☐ **participant** ⓝ 참여자, 참가자, 관계자, 협력자 ⓐ 관여하는, 함께하는

A total of 61 **participants** from 16 teams took part in the contest.

Most of the **participants** were found to be UPP members.

The **participants** had opportunities to reap the benefits of cultural events related to books.

☐☐ **precipitation** ⓝ 1 강우, 강수량 2 투하, 추락, 낙하 3 재촉 4 침전물, 석출

Acid rain is **precipitation** containing harmful amounts of nitric acid and sulfuric acids.

The forecast is for dry, cloudy weather with no **precipitation** expected.

56. antiseptic / antibiotic / anesthetic / authentic

☐☐ **antiseptic** ⓝ 소독제(방부제) ⓐ [1] 살균의, 멸균의, 소독된 [2] 오염이 없는, 아주 청결한
It is insoluble in water and has an **antiseptic** smell.
Surgeons must use **antiseptic** instruments to conduct surgery.

☐☐ **antibiotic** ⓝ 항생물질(의)
Penicillin remains one of the most important **antibiotic** drug treatments to this day.
Antibiotics may help you recover from a number of illnesses.

☐☐ **anesthetic** ⓝ 마취제 ⓐ 마취의, 무감각한, 마비 상태인
Luckily, dentists give us medicines like **anesthetic** so we do not feel the pain.
Apply a topical **anesthetic** and allow one hour for it to take effect.

☐☐ **authentic** ⓐ [1] 믿을 만한, 확실한 [2] 진정한, 실제의(=genuine), 진심에서 우러난(=sincere)
Fake Apple stores that pretend to be **authentic** are opening across China.
Although contenders are allowed to create traditional **authentic** Korean food, a mixture of fusion and participants' local cuisine will be welcomed.

57. appeal / peel / peer / pear / pier

☐☐ **appeal** ⓝ [1] 호소, 간청, 애원, 탄원(=entreaty), 항의 [2] 상소, 항소 [3] 매력
ⓥ [1] 호소하다, 간청하다, 애원하다 [2] 상소하다 [3] 흥미를 끌다
This acceleration is a significant testament of Facebook's power and **appeal**.
Samsung is expected to **appeal** the U.S. court verdict.

☐☐ **peel** ⓥ [1] (껍질을) 벗기다, 벗겨지다, 탈피하다, 옷을 벗다 [2] ~을 빼앗다 [3] 이탈하다
The bark on the trees **peels** off at different times.
What a sunburn! Let me **peel** the dead skin off your back.
John and Mary **peeled** off from the group and disappeared.

☐☐ **peer** ⓝ 동료, 동등한 사람, 귀족(=nobleman) ⓥ 자세히 보다(=scrutinize)
Students will register for extra classes if their scores are lower than their **peers**.
It's so hard to resist **peer** pressure.

☐☐ **pear** ⓝ (과일) 배
Fruits such as apples, oranges and **pears** come from trees, too!

☐☐ **pier** ⓝ [1] 부두, 선창 [2] 교각, 문설주
I'm nearing the south end of the **pier**.
It is worth taking a detour to walk on the **pier** and admire this beauty up close.

58. appliance / application / applicant / compliant / implication

□□ **appliance**
ⓝ ¹ (가정용) 기구, 기기, 장치 ² 적용, 응용
Please remember to turn off all **appliances**.
More Koreans depend on Smart **Appliances**.

□□ **application**
ⓝ ¹ 응용, 적용, 사용 ² 신청, 지원(서)
I got her **application** but her photo was missing.
His **application** to attend the meeting was accepted.

□□ **applicant**
ⓝ 지원자, 응모자, 신청자
What do you think of this **applicant**?
Approximately 2500 **applicants** took the test in its first year.

□□ **compliant**
ⓐ 고분고분한, 유순한
She's a very **compliant** child, who always does as she is told.

□□ **implication**
ⓝ ¹ 영향, 결과 ² 내포, 암시, 함축 ³ 연루, 관련
The vice president was fired after his **implication** in drug trafficking.

59. append / suspend

□□ **append**
ⓥ ¹ 덧붙이다, 첨가하다, 추가하다 ² ~에 달다, 내걸다
He **appends** a brief note on this subject to his report.
I loose the oldest entry and **append** the most recently acquired number.

□□ **suspend**
ⓥ ¹ 걸다, 매달다, 부유시키다 ² 보류하다, 미루다, 연기하다 ³ 일시 정지하다
The satellite dish is **suspended** in space.
But she said it was unfair to **suspend** her son.
That hotel has a beautiful chandelier **suspended** from the ceiling.

60. apply / comply / imply / multiply / reply / supply

□□ **apply**

ⓥ 1 응용[적용]하다 2 지원[신청]하다 3 집중시키다, 전념하다

They will now be able to **apply** these skills in their home classrooms.

I **applied** for a basketball team, but I failed terribly.

Korea **applied** for UNESCO listing of all versions of Arirang.

□□ **comply**

ⓥ 1 따르다, 응하다 2 동의하다

Nevertheless, the latter efficiently **complied** with every request.

Employees who knowingly fail to **comply** with safety regulations are subject to dismissal.

□□ **imply**

ⓥ 암시하다, 함축하다, 내포하다

The name **implies** their character; sloths are extremely slow moving.

Simply put, Madam **implies** or highlights her prestigious position.

□□ **multiply**

ⓥ 증대시키다, 늘이다, 곱하다, 번식하다

An exponent is a way of repeatedly **multiplying** the same number by itself.

If you don't wear socks, more bacteria can grow. This is because they **multiply** in sweat.

□□ **reply**

ⓥ 대답하다, 응답하다 ⓝ 대답, 응답, 반응, 반격

The survey polled the 1,000 biggest companies in terms of sales, 845 of which **replied**.

Reply to this letter is mandatory.

Thanks for your email and sorry for my late **reply**.

□□ **supply**

ⓥ 1 공급하다, 지급하다 2 보완하다, 충족시키다 ⓝ 공급, 공급량, 보급량, 재고량

The workers put windows on the roof, which **supply** the workspace with plentiful daylight.

Schools should spend this money on better books and school **supplies** instead.

61. apprehend / comprehend

□□ **apprehend**

ⓥ 1 이해하다 2 걱정하다, 염려하다 3 체포하다(=arrest)

I **apprehended** that the situation was serious.

The police managed to **apprehend** him in possession of top-secret documents.

□□ **comprehend**

ⓥ 1 이해하다, 납득하다 2 함축하다, 포함하다 3 의미하다

They did not **comprehend** the significance of his remark.

Students will study math as they read and **comprehend** the story.

62. apprehension / comprehension

☐☐ **apprehension**
ⓝ [1] 불안, 우려, 걱정 [2] 이해 [3] 체포, 구금
My **apprehensions** were realized.
The move filled Americans with **apprehension** and indignation.

☐☐ **comprehension**
ⓝ [1] 이해 [2] 포괄성 [3] 평가
Beef up your reading **comprehension**.
These measures were enforced to make sure that no disturbance was created during the listening **comprehension** exams.

63. apprehensive / comprehensive / comprehensible

☐☐ **apprehensive**
ⓐ [1] 불안한, 우려하는, 염려하는, 걱정하는 [2] 명석한 [3] ~을 지각하고, 깨닫고
People are still **apprehensive** about the future.
We were **apprehensive** for (about) his safety.

☐☐ **comprehensive**
ⓐ [1] 포괄적인, 범위가 넓은, 포용력이 큰 [2] 이해가 빠른, 이해력 있는,
The book is a **comprehensive** guide to Korea.
This is the first **comprehensive** census of a species taken from space.

☐☐ **comprehensible**
ⓐ [1] 이해할 수 있는 [2] 알 수 있는 [3] 알기 쉬운
When we finally understand this, many seemingly senseless events become suddenly **comprehensible**.

64. appreciate / depreciate

☐☐ **appreciate**
ⓥ 감사하다, 인정하다, 감상하다, 이해하다, ~을 높이 평가하다
We **appreciate** your cooperation.
He said society should embrace elderly people as a gift to **appreciate** and value.

☐☐ **depreciate**
ⓥ 가치를 저하시키다, ~을 얕보다
The car begins to **depreciate** as soon as it is bought.
Financial policy can raise or **depreciate** the value of a currency.

65. appraise / applaud / applause

☐☐ **appraise**

ⓥ **평가하다, 판정하다, 감정하다, 어림잡다**
How should one's life be **appraised**?
It is of course difficult to **appraise** administrative judgment with judiciary criteria.

☐☐ **applaud**

ⓥ **박수갈채하다, 칭찬하다**
The teacher **applauded** his courage.
The mission completed by the U.S. Special Forces must be **applauded**.

☐☐ **applause**

ⓝ **박수갈채, 칭찬**
Let's give him a big round of **applause** for his great achievements!
I thanked him and began to drink. I downed the whole thing to their cheers and **applause**.

66. approach / reproach / encroach / roach

☐☐ **approach**

ⓥ **1 ~에 접근하다, 다가가다 2 비슷하다, 필적하다 3 다루다, 연구하다**
The band is **approaching** the stand.
They had to **approach** the spider tanks and guess their sizes.
The gradualist **approach** is desirable to create stable economies and societies.

☐☐ **reproach**

ⓥ **책망하다, 비난하다(=blame, rebuke)** ⓝ **비난, 질책**
His **reproach** cuts me to the heart.
Such a person is a **reproach** to our society.
He **reproached** me for (with) carelessness.

☐☐ **encroach**

ⓥ **잠식하다, 침입하다, 침략하다, 침범하다**
The sea is **encroaching** on the land along the coast.
This new law doesn't **encroach** on the rights of the citizen.

☐☐ **roach**

ⓥ **~을 짧게 자르다** ⓝ **바퀴벌레(=cockroach)**
The movements of the live **roaches** were controlled like remote-controlled toys!

67. arch(a)eology / astrology

☐☐ **arch(a)eology**

ⓝ **고고학**
I have an idea in **archaeology**.
I read a lot of books on astronomy, **archeology**, and other fields.

☐☐ **astrology**

ⓝ **점성술, 점성학**
Are you interested in **astrology**?
In Chinese **astrology**, the dragon was seen as a powerful almighty king.

68. arise / arouse

□□ **arise**
ⓥ **생기다, 일어나다, 나타나다, 비롯되다**
arise - arose - arisen
Accidents **arise** from carelessness.
A faint suspicion **arose** in his mind.

□□ **arouse**
ⓥ **1 자극하다, 불러일으키다, 일어서다, 깨우다 2 분개하다 3 유발하다, 환기하다(=provoke)**
arouse - aroused - aroused
His shameful conduct **aroused** criticism.
He **aroused** fury among Koreans in the audience.

69. art / artist / artisan / artifact

□□ **art**
ⓝ **1 예술(작품), 미술(품) 2 기술, 요령 3 ⓟⓛ 인문과학, 교양과목**
Perhaps, the same can be said of **art** or literature.
Driving a car in the city is quite an **art**.

□□ **artist**
ⓝ **1 예술가, 화가; 음악가, 연주가; 예능인 2 명인, 명수**
He also promoted the arts by supporting **artists** and craftsmen.
The man in the picture is a famous **artist** from China.

□□ **artisan**
ⓝ **장인, 기능공, 기술공**
A lot of master **artisans** participated in returning the gate to its original condition.
The **artisan** who made this piece of jewelry must be very skilled.

□□ **artifact**
ⓝ **인공물, 가공물, 인공유물**
Pre-historic life could only be guessed through **artifacts** and remains.

70. arctic / antarctic

□□ **arctic**
ⓝ **북극, 극지방** ⓐ **북극의, 혹한의**
On average, it is 17 degrees colder than the **Arctic**.

□□ **antarctic**
ⓝⓐ **남극(의)**
There are three types of tundra: Arctic tundra, Alpine tundra, and **Antarctic** tundra.

71. artful / artistic / artificial / artless

□□ **artful**

ⓐ **간교한, 간사한, 교활한, 교묘한, 능란한; 기교 있는**
She has appreciated the **artful** painting.
The **artful** forger deceived the Bank of England.

□□ **artistic**

ⓐ **예술적인, 미적인, 풍류 있는**
This picture is a work of great **artistic** value.
There are lots of people in the world with amazing **artistic** abilities.

□□ **artificial**

ⓐ **1 인공의, 인조의 2 부자연스러운, 강제된 3 인위적인**
An **artificial** "wind tree" has been developed as a renewable energy source of electricity.

□□ **artless**

ⓐ **투박한, 꾸밈없는, 간소한, 순진한**
His **artless** behavior was misunderstood for rudeness.

72. ascent / assent / accent / descent / scent

□□ **ascent**

ⓝ **1 상승, 오름 2 승진, 향상 3 등반**
The **ascent** of the elevator made me dizzy.
The rest see the won's **ascent** as a temporary phenomenon.

□□ **assent**

ⓥ **동의하다, 찬성하다, 양보하다** ⓝ **찬성, 동의, 승인**
Jane nodded her **assent** to my proposal.

□□ **accent**

ⓝ **억양, 강세, 어조, 말투, 사투리** ⓥ **강조하다, 두드러지다**
He was a foreigner, as they perceived from his **accent**.

□□ **descent**

ⓝ **1 강하, 하락, 추락 2 혈통, 가문, 유래**
We're going to begin the **descent** for LA.

□□ **scent**

ⓝ **1 냄새, 향기 2 흔적(=trail), 단서(=clue) 3 후각; 육감, 직감** ⓥ **냄새로 찾아내다**
We **scented** danger and decided to leave.

73. aspire / conspire / expire / inspire / perspire / respire / transpire

☐☐ **aspire**

ⓥ 열망하다, 갈망하다, 바라다
He **aspired** to be a doctor.
Some people **aspire** to live in major cities such as Seoul.

☐☐ **conspire**

ⓥ ¹ 공모하다, 작당하다, 꾀하다, 도모하다, 꾸미다 ² 겹치다
They **conspired** together to kill him.
Events **conspired** to make his debut a success.

☐☐ **expire**

ⓥ ¹ 만기가 되다, 만료되다 ² (불 등이) 꺼지다(=die out)
³ (숨 등을) 내쉬다(=exhale), 숨을 거두다, 방출[발산]하다
My driver's license **expires** next month.
Actually, your coupon has **expired**.

☐☐ **inspire**

ⓥ 격려하다, 영감을 주다, 불어넣다, 고무시키다, 고취하다
The teacher **inspired** us to work much harder.
The book was **inspired** by his travels in Africa.

☐☐ **perspire**

ⓥ 땀을 흘리다, 땀으로 발산하다, 분비하다
My palms are already **perspiring**.
He was **perspiring** in his thick woollen suit.

☐☐ **respire**

ⓥ 호흡하다, 숨쉬다(=breathe)
Some reptiles **respire** through their skin.
Fish **respire** through their gills.

☐☐ **transpire**

ⓥ ¹ 발산하다, 배출되다 ² 드러나다 ³ 배출하다(=emit)
Most plants **transpire** through their stomatal.
It **transpired** that he had conferred with the opposition in secret.

74. assemble / assembly / resemble

☐☐ **assemble**

ⓥ ¹ 모으다, 구성하다 ² 조립하다 ³ 모이다, 회합하다
The man is **assembling** the workers.
The process of **assembling** a new administration has frustrated presidents for years.
The king commanded that all the people should be **assembled** at once.

☐☐ **assembly**

ⓝ ¹ 집회, 회합, 모임 ² 조립 ³ 의회, 입법부, (미)하원
The government forbids an illegal **assembly**.
The **Assembly** voted down the bill and kept Yoon in his office.

☐☐ **resemble**

ⓥ 닮다, 유사하다
She **resembles** her mother.
An avocado **resembles** a pear in shape but not in taste.

75. aspiration / conspiration / conspiracy / expiration / inspiration / respiration / perspiration

☐☐ **aspiration**
ⓝ **열망, 염원, 포부**
He has an **aspiration** to become a scholar.
They represent the enthusiasm and **aspirations** of our people.

☐☐ **conspiration**
ⓝ **모의; 협력**
Soon England was flooded with tens of thousands of pamphlets accusing Charles of wanting to make the country Catholic again in **conspiration** with the French king.

☐☐ **conspiracy**
ⓝ **모의, 공모, 음모, 작당**
Various **conspiracy** theories exist about the incident.
Very few of them were privy to the details of the **conspiracy**.

☐☐ **expiration**
ⓝ **만기, 만료, 종결**
The milk has passed the **expiration** date.
Don't eat food if the **expiration** date has passed.

☐☐ **inspiration**
ⓝ **영감, 고무(=encouragement), 감화, 자극**
An **inspiration** burst upon the poet.
Genius is one percent **inspiration** and ninety-nine percent perspiration.

☐☐ **respiration**
ⓝ **호흡(작용)**
He brought her to by artificial **respiration**.
Soil **respiration** is when plants and microbes in the soil give off carbon dioxide.

☐☐ **perspiration**
ⓝ **1 땀(=sweat) 2 발한 3 수고, 노력**
The **perspiration** soaked through my shirt.
Perspiration helps cool the body down.

76. assert / exert / insert

☐☐ **assert**
ⓥ **주장하다, 단언하다, 역설하다, 옹호하다**
He **asserted** his innocence.
They **asserted** that kids' heads are not developed enough to safely withstand repeated impacts with the ball.

☐☐ **exert**
ⓥ **1 발휘하다, 영향을 미치다 2 압력을 행사하다 3 노력하다, 분투하다**
He **exerted** himself to win the race.
The UN is **exerting** pressure on the countries' leaders to stop the war.

☐☐ **insert**
ⓥ **삽입하다, 끼워 넣다** ⓝ **삽입물, 삽화**
Insert a coin into the slot.
Do you have any reason for **inserting** NG scenes in your movies?

77. assign / resign

☐☐ **assign**

ⓥ **할당[임명]하다, 지정하다, 부여하다**
He **assigned** work to each man.
She was unable to keep up with the work **assigned** her.

☐☐ **resign**

ⓥ **1 사임하다, 사퇴하다, 물러나다 2 사의를 표하다 3 포기하다, (재산 등) 양도하다, 위탁하다, 맡기다**
Why did James **resign**?
Apple's legendary CEO Steve Jobs **resigned** on August 24.
He **resigned** his son to the care of a relative.

78. assist / consist / desist / exist / insist / persist / resist / subsist

☐☐ **assist**

ⓥ **돕다, 지원하다, 원조하다** ⓝ **(야구) 어시스트**
She **assisted** me in my work.
They **assisted** me in moving(=to move) to a new apartment.

☐☐ **consist**

ⓥ **1 이루어지다, 구성되다 2 존재하다 3 일치[조화]하다, 양립하다; 구성하다**
Water **consists** of hydrogen and oxygen.
Happiness **consists** in working toward one's goals.

☐☐ **desist**

ⓥ **그만두다**
He **desisted** from smoking.
Maybe after he pays a few of the bills, he'll cease and **desist.**

☐☐ **exist**

ⓥ **존재하다, 살아가다, 생존하다, 실존하다**
Man cannot **exist** without air.
His spirit **exists** even today.

☐☐ **insist**

ⓥ **강력히 주장하다, 역설하다, 우기다, 고집하다**
I **insist** on his innocence.
She **insisted** that her daughter always came home early.

☐☐ **persist**

ⓥ **고집하다, 지속하다, 존속하다, 잔존하다**
He **persisted** in his project.
The pain will **persist** for a couple of days.

☐☐ **resist**

ⓥ **1 저항하다, 반항하다, 반대하다, 대항하다 2 견디다, 참다, 삼가다**
The enemy **resisted** stoutly.
I could not **resist** opening the present.

☐☐ **subsist**

ⓥ **1 생존하다, 존속하다 2 ~에 식량을 주다, ~을 부양하다**
We are unable to **subsist** without water and air.
Contrary to popular belief pre-historic humans did not **subsist** solely on meat.

79. assistance / consistence / existence

□□ assistance ⓝ **원조, 도움, 지원**
If I can be of any **assistance** to you, I shall be indeed happy.
Teachers can offer **assistance** in a more personalized way to meet each student's ability.

□□ consistence ⓝ **1 일관성 2 농도, 밀도 3 일치, 조화, 양립성**
Your actions lack **consistency**; you say one thing and do the other.
His strategy worked as he maintained pace to save his energy for **consistency**.

□□ existence ⓝ **1 존재, 생존, 존속 2 생활(양식), 생활상 3 생물, 존재하는 것**
Interestingly, many people in the world believe in their **existence**.
Nuclear war may spell the end of all **existence**.

80. assistant / consistent / existent

□□ assistant ⓝ **조수, 보조자, 보조 수단** ⓐ **도움이 되는, 보조의**
We'll work together; you shall be my **assistant**, so to speak.
I guess this is because of my current job as a team **assistant**.

□□ consistent ⓐ **1 일치하는, 조화되는, 양립하다 2 일관된, 지속적인, 변함이 없는 3 밀착한**
He is **consistent** in his actions.
Sure, this isn't **consistent** income.

□□ existent ⓐ **실재하는, 생존하는** ⓝ **생존자**
God is ever **existent**.
This is the perception of non-**existent** faces.

81. astronaut / astronomer / astronomy / astrology

□□ astronaut ⓝ **우주비행사, 우주인**
We also hope that she will become a good **astronaut**.

□□ astronomer ⓝ **천문학자**
Astronomers watched the birth of a new star.

□□ astronomy ⓝ **천문학**

□□ astrology ⓝ **점성학, 점성술**

82. assumption / consumption / consumer / reassure

☐☐ **assumption** ⓝ **가정, 상정, 인수**
The **assumption** is highly possible.

☐☐ **consumption** ⓝ **소비, 소모**
It was to increase the **consumption** of rice in the nation.
Some raw fish is unfit for human **consumption**.

☐☐ **consumer** ⓝ **소비자, 고객**
Consumers aren't only concentrating in the glamour and makeup segments.
Vending machines provide convenience for **consumers**.

☐☐ **reassure** ⓥ **안심시키다, 보증하다**
They **reassured** her that there was nothing to worry about.
I have **reassured** them that this has never been the case.

83. assume / consume / presume / resume / reassume

☐☐ **assume** ⓥ **1 당연한 것으로 여기다, 가정하다 2 가장하다, 꾸미다, ~하는 척하다 3 인수하다**
Let's **assume** what he says to be true.
He **assumed** interest and stifled a yawn.

☐☐ **consume** ⓥ **1 소비하다, 낭비하다 2 소멸시키다, 파괴하다**
My car **consumes** much gas.
This machine **consumes** 10% of all the power we use.

☐☐ **presume** ⓥ **추정하다, 가정하다, 추측하다**
They **presumed** her (to be) dead.
I will not **presume** to give an opinion.

☐☐ **resume** ⓥ **재개하다, 다시 시작하다, 되찾다, 회복하다** ⓝ **이력서**
Have any more **resumes** come in?
The both countries are due to **resume** peace talks next month.

☐☐ **reassume** ⓥ **되찾다, 재개하다, 다시 맡다**
Verhoeven will **reassume** the position of chief executive.
He **re-assumed** his old behavior.

84. assure / ensure / insure / reassure

□□ **assure**
ⓥ 1 보증하다, 확신시키다, 단언하다 2 확신하다, 장담하다
The letter **assured** him of her undying affection.

□□ **ensure**
ⓥ 1 보증하다, ~을 확실히 하다(=make sure) 2 ~을 책임지다, 지켜주다, 확보하다
I can't **ensure** that she will be here tomorrow.
The public should accept a little inconvenience to better **ensure** our safety.

□□ **insure**
ⓥ 보험계약을 하다, 보증하다, 보장하다
He was **insured** at the time of the accident.

□□ **reassure**
ⓥ 재보증하다, 안심시키다
They **reassured** her that there was nothing to worry about.

85. assurance / insurance / reassurance

□□ **assurance**
ⓝ 보증, 장담, 확신
We have absolute **assurance** that you will be decorated.

□□ **insurance**
ⓝ 보험, 보험금, 보험계약
Are you covered by **insurance**?
The damage is covered by **insurance**.

□□ **reassurance**
ⓝ 안심하기, 재보증, 재보험
reassuring : ⓐ 안심시키는
He was a figure of **reassurance** and stability for many Americans.

86. attach / attack / detach

□□ **attach**
ⓥ 1 부착하다, 붙이다(=stick), 첨부하다, 달다 2 소속시키다
attached : ⓐ 첨부된
Please **attach** copies of all receipts.
We are **attached** to the San Francisco Police.

□□ **attack**
ⓥ 1 공격하다 2 비난하다, 헐뜯다 3 착수하다, 달려들다
Attack is the best defense.
Our dog **attacked** the burglar and drove him off.

□□ **detach**
ⓥ 1 떼어내다, 떼다, 분리하다 2 파견하다
Detach a locomotive from a train.
Several soldiers were **detached** to act as lookouts.

87. attachment / detachment

☐☐ **attachment** ⓝ 1 부착, 첨부 2 애착 3 부속품
Could you please send another **attachment**?
There was a strong **attachment** between the two.

☐☐ **detachment** ⓝ 1 분리, 고립 2 초연, 무관심 3 파견(대)
He belongs to a medical **detachment**.
The **detachment** is called Zaytun, the Arabic word for olive.

88. attain / contain / detain / obtain / maintain / retain / sustain

☐☐ **attain** ⓥ 달성하다, 얻다
He **attained** his goal at the fifth trial.
This tree **attains** to a height of 40 feet.

☐☐ **contain** ⓥ 1 담다, 포함하다, 함유하다 2 억누르다, 억제하다 3 견제하다
Each pack **contains** twenty cigarettes.
He can hardly **contain** his anger.

☐☐ **detain** ⓥ 구류하다, 억제하다, 붙들다
The police **detained** him as a suspect.
The police have **detained** two men for questioning at the police station.

☐☐ **obtain** ⓥ 1 얻다, 손에 넣다, 획득하다 2 유행하다, 성립하다
I **obtained** this information from him.
Such ideas no longer **obtain** with us.

☐☐ **maintain** ⓥ 1 유지하다, 지속하다 2 주장하다 3 부양하다, 기르다
Food is necessary to **maintain** life.
He **maintains** excercise to be the key to longevity.

☐☐ **retain** ⓥ 유지하다, 보유하다, 계속하다(=keep), 보관하다, 간직하다
Retain these documents for future reference.
This sandy soil cannot **retain** enough water.

☐☐ **sustain** ⓥ 1 유지[지속]하다, 지탱하다, 부양하다, 격려하다 2 견디다
The government **sustains** poor families.
This shelf cannot **sustain** the weight of the books.

89. attempt / tempt

□□ **attempt**

ⓥ 1 시도하다, 해보다 2 노리다, 공격하다(=attack) ⓝ 시도, 기도, 공격

He **attempted** climbing an unconquered peak.

You'll never know if you can write, unless you **attempt** it.

□□ **tempt**

ⓥ 1 유혹하다, 꾀어내다 2 관심을 끌다, 돋우다

He **tempted** me out for the afternoon.

This dish **tempts** the appetite.

90. attend / contend / extend / intend / pretend

□□ **attend**

ⓥ 1 출석하다, ~에 참석하다 2 ~에 주의를 기울이다, 시중들다, 돌보다, 처리하다 3 수반하다, 따르다(=accompany)

How many people will **attend**?

The meeting was well **attended**.

The doctors try to **attend** to the worst injured soldiers first.

□□ **contend**

ⓥ 1 경쟁하다, 싸우다 2 맞서다 3 강력히 주장하다

Contend for freedom!

Two teams **contend** for the trophy.

I **contend** that he has committed perjury.

□□ **extend**

ⓥ 1 연장하다, 확장하다 2 뻗다, 내밀다 3 넓히다, 확충하다, 부연하다

Space **extends** without cease in all directions.

He **extended** his arms in a welcoming gesture.

□□ **intend**

ⓥ 1 ~할 작정이다, 의도하다, 꾀하다 2 의미하다, 나타내다 3 의도가 있다

We **intend** that it shall be done today.

She didn't **intend** anything by that remark.

□□ **pretend**

ⓥ ~ 인 체하다, ~임을 가장하다(=feign), 속이다

He **pretended** to be indifferent.

I'm sorry, but I don't want to **pretend** to be happy.

91. attendance / attendant / attention / intention

□□ **attendance** ⓝ 1 출석, 참석 2 출석자 3 시중, 간호
That class has perfect **attendance** today.
The nurse is in **attendance** on(upon) him.

□□ **attendant** ⓝ 시중드는 사람, 안내원(=usher), 출석자 ⓐ 동석한, 시중드는, 수반하는
Do you want to be a flight **attendant**?

□□ **attention** ⓝ 1 주의, 주목 2 관심, 배려 3 준비
His **attention** to his work was constantly interrupted by the ringing telephone.
Your order will receive immediate **attention**.

□□ **intention** ⓝ 의도, 의향, 취지, 태도
He distorted my **intention**.
Despite its good **intentions**, the system is run abnormally due to severe income gaps.

92. attentive / intense / intensive

□□ **attentive** ⓐ 1 주의 깊은, 세심한 2 친절한, 정중한
No **attentive** reader can fail to observe it.
He is so **attentive** to others that he gets exhausted.

□□ **intense** ⓐ 1 강렬한, 열심인, 격렬한, 치열한 2 진지한 3 집중적인
We live in a harsh and **intense** world.
The former world's number one golfer won under **intense** pressure.
This gives students hands-on work and a more **intense** learning experience.

□□ **intensive** ⓐ 1 강한, 강도 높은, 철저한 2 집약적인, 집중적인, 중점적인
So the organization has an **intensive** summer immersion program for seven weeks.
They had to undergo **intensive** training every day, said a keeper of the center.
The fire-fighters fought an **intensive** battle to save the company's records from the flames.

93. attire / satire / retire

□□ **attire**

ⓝ **복장(=costume), 의상**
We wear formal **attire** when we attend the opera.
Traditional clothes are more than just popular travel souvenirs or holiday **attire**.

□□ **satire**

ⓝ **1 풍자, 비꼼 2 풍자문학**
The video is a **satire** mocking a targeted political leader.
We need to draw a line between what is healthy **satire** and what is 'obscene' content.

□□ **retire**

ⓥ **퇴직하다, 은퇴하다, 물러나다, 철수하다**
retirement : ⓝ 퇴직, 은퇴
Many people who are **retired** are suffering from financial problems.

94. attract / distract / contract / extract / retract / subtract

□□ **attract**

ⓥ **1 (주의, 흥미를) 끌다, 매혹시키다(=charm) 2 불러일으키다, 초래하다**
He was **attracted** to her, like a moth to a candle.
He was a man to **attract** immediate sympathy.

□□ **distract**

ⓥ **1 (마음, 주의를) 딴 데로 돌리다, 흐트러뜨리다(=divert), (정신을) 미혹시키다**
2 즐겁게 하다, 위안을 주다
Their chatter **distracts** me from studying.
Worry **distracts** her attention.

□□ **contract**

ⓝ **1 계약서, 청부, 약정 2 수축**
ⓥ **1 계약하다 2 긴장시키다, 수축하다, 축소하다 3 초래하다**
Is the **contract** ready for him to sign?
The heart moves blood by expanding and **contracting**.

□□ **extract**

ⓥ **추출하다, 뽑다, 발췌하다** ⓝ **추출물, 발췌(=excerpt), 정제**
We **extract** oil from olives.
He had to go to the dentist to **extract** a loose tooth.

□□ **retract**

ⓥ **쏙 들어가다, 움츠러들다, 물러서게 하다** ⓝ **철회, 취소**
They **retracted** a charge.
In fact, the journal publicly **retracted** the article in 2010.

□□ **subtract**

ⓥ **빼다, 제거하다, 공제하다**
If you **subtract** 4 from 10, 6 remains.
You have to **subtract** 10% tax from the sum you receive.

95. attraction / distraction / extraction / contraction

□□ **attraction** ⓝ 1 끄는 힘, 유인, 매력 2 명소(名所)
She possesses personal **attractions**.
She has lots of personal **attractions**.

□□ **distraction** ⓝ 1 주의 산만, 혼란 2 정신착란 3 기분 전환, 오락
Concentration is required with no **distractions**.
He was able to be very focused without any **distraction**.

□□ **extraction** ⓝ 1 뽑아냄, 추출, 발췌, 적출 2 가문, 혈통
Extraction of minerals.
By barcoding fish, one can trace all fishery products, including egg **extraction** and feed.

□□ **contraction** ⓝ 1 수축(=shrinking), 축소(=shortening) 2 저하, 감퇴, 경기후퇴
Cold causes **contraction** of liquids.
A **contraction** of pain passed over his face.

96. attribute / contribute / distribute / substitute

□□ **attribute** ⓥ ~의 탓으로 돌리다, (출처, 기원이) ~인 것으로 여기다 ⓝ 속성, 특성
He **attributed** his success to hard work.
She **attributed** her failure to her procrastination.

□□ **contribute** ⓥ 기여하다, 기부하다, 기고하다, 공헌하다, 제공하다
Why did he **contribute** to the company?
Recently, Apple decided to **contribute** to society by donating its tablet PCs.

□□ **distribute** ⓥ 1 분배하다, 배급하다, 할당하다 2 뿌리다(=scatter), 분포시키다 3 유통시키다
It also **distributed** food and set up water purification systems.
The plant is **distributed** all over Asia.

□□ **substitute** ⓥ 대체하다, 대용하다, 대리하다 ⓝ 대리인, 대신, 대용품
There's no **substitute** for parents.
My math teacher, Mrs. Lee, was absent today. So, we had a **substitute** teacher.

97. attribution / contribution / distribution / substitution

☐☐ **attribution**
ⓝ 1 (원인 따위를 ~에) 돌림, 귀속(歸屬)(to) 2 속성 3 (부속의) 권능, 직권
The fallacy lies in the inappropriate **attribution** of some sort of air of authority.
In many religions, the supreme deity is given the title and **attributions** of Father.

☐☐ **contribution**
ⓝ 기여, 기부, 기고, 공헌
They have also made important **contributions** as members of African society.
He expressed his views in a **contribution** to an online newspaper in July.

☐☐ **distribution**
ⓝ 1 분배, 배급, 배포 2 분포 3 배치, 배열, 배선
They are learning about illegal **distribution** of music and movies.
The **distribution** of wealth may be uneven.

☐☐ **substitution**
ⓝ 대용, 대체(물), 대용품
Let me make a **substitution**.
Several lawmakers hope to pass a **substitution** holiday law.

98. average / coverage

☐☐ **average**
ⓝ 평균 ⓐ 보통의, 평범한 ⓥ ~을 평균하다, 균등 분배하다; 평균값이 되다
The **average** span of a man's life is 78.

☐☐ **coverage**
ⓝ 1 보상 범위, 적용[보도]범위 2 취재
Their work and **coverage** of the campaign will be aired on MTV.

99. autograph / biography / autobiography

☐☐ **autograph**
ⓝ 자필 서명, 자서 ⓥ 서명(하다) ⓐ 자필의
Would you please **autograph** this picture of yours?

☐☐ **biography**
ⓝ 전기, 일대기
On October 24, his **biography** Steve Jobs was released in Korea.

☐☐ **autobiography**
ⓝ 자서전
Recently, he published his first **autobiography** titled My Brief History.

100. award / reward

☐☐ **award**

ⓝ 상, 상금 ⓥ 상을 주다, 수여하다, 보답하다, (배상금 등을) 제정하다

They're sweeping the **awards**.

The court **awarded** damages of $5,000 to the injured man.

☐☐ **reward**

ⓝ 보상, 대가, 현상금, 사례금 ⓥ 보상하다, 보수를 주다, 보답하다

They received **rewards** for their efforts.

Using **rewards** can be really helpful to strengthen self-control.

101. awesome / burdensome / troublesome / wholesome

☐☐ **awesome**

ⓐ 1 좋은, 훌륭한 2 두려움을 느끼게 하는, 무서운

They are so **awesome**, and I listen to their songs all the time.

That new car is totally **awesome**.

☐☐ **burdensome**

ⓐ 귀찮은, 번거로운, 부담이 되는, 짐스러운, 괴로운(=troublesome)

It called the system **burdensome** and said it could violate travelers' privacy rights.

Baker said the technology is too unreliable and **burdensome** to use.

☐☐ **troublesome**

ⓐ 1 귀찮은, 성가신, 곤란한 2 힘든 3 문제를 일으키는

Hey, Bill, here comes that **troublesome** customer.

Acne can be a **troublesome** condition that has many treatment options.

☐☐ **wholesome**

ⓐ 1 건강에 좋은, 건전한, 유익한 2 신중한 3 대규모의

Eating **wholesome** foods is important, specifically foods that are low in fat and calories.

Bread and butter is a **wholesome** food.

Back in 2004, when he was just a high school freshman, Lee made his **wholesome** debut as a singer with "The Dream of a Moth."

B

102. badge / badger

□□ **badge**

ⓝ 휘장, 배지 ⓥ 휘장을 달다

An electronic **badge** displays a name, a photograph and a radio tag.

□□ **badger**

ⓝ 오소리 ⓥ 난처하게 하다

Animals, such as bears, **badgers**, hamsters and bats, hibernate in winter.

The children **badgered** me into taking them to the cinema.

103. band / bind / bond

□□ **band**

ⓝ 밴드, 떼, 그룹, 무리 ⓥ 결합시키다, 모으다

My friends and I are thinking about forming a **band**.

They **banded** themselves against the enemy.

□□ **bind**

ⓥ 1 묶다, 제본하다, 결합하다 2 구속되다, 속박하다 3 감다, 싸다

bind - bound - bound

At first, she decided to **bind** her favorite Hello Kitty doll onto a spacecraft.

As a result, we see no **binding** force on the missile moratorium.

□□ **bond**

ⓝ 1 끈, 연줄, 인연 2 속박, 구속, 족쇄, 유대 3 계약, 동맹 4 채권

ⓥ 1 저당하다, 담보로 잡히다 2 접착하다, 밀착하다

There's a close **bond** between them.

These two substances won't **bond** together.

The U.S. is waiting for its $3 billion and Japan holds $5.2 billion in Greek **bonds**.

104. bandage / bondage

□□ **bandage**

ⓝ 붕대 ⓥ 붕대를 감다

Next, cover it with a clean **bandage** to stop the bleeding.

She **bandaged** (up) his finger with a handkerchief.

□□ **bondage**

ⓝ 1 속박, 굴종 2 농노[노예]의 신분

Release the burden and free yourself from the **bondage** of hate.

No social stigma was attached to a family that had its beginning in America under this semi-**bondage**.

105. banish / vanish

□□ **banish**

ⓥ **내쫓다, 추방하다(=expel), 떨어버리다(=dispel, put away)**
He was **banished** from the realm.
They were **banished** from the library for making a noise.

□□ **vanish**

ⓥ **갑자기 사라지다(=disappear), 희미해지다, 없어지다; ~을 소멸시키다**
The thief ran into the crowd and **vanished** from sight.
The robber **vanished** with the money before the police arrived.

106. bash / bush / gush

□□ **bash**

ⓥ **1 강타하다 2 비난하다 3 충돌하다** ⓝ **강타; 시끌벅적한 즐거운 파티**
The karate expert **bashed** in the wall with a single kick.
We all wanted to give you a big farewell **bash**.

□□ **bush**

ⓝ **관목, 덤불** ⓥ **무성해지다, (관목으로) 뒤덮다** ⓐ **미개한, 수준이 낮은**
He was first seen at 3 p.m. local time dashing into the **bushes**.

□□ **gush**

ⓝ **분출, 용솟음쳐 나옴** ⓥ **분출하다**
The water **gushed** (forth) from the broken pipe.

107. bend / vend / vendor / vent / ventilate

□□ **bend**

ⓥ **1 구부리다, 굽히다, 굴복시키다; 복종하다 2 왜곡하다 3 열중하다**
The pine trees are special because the trunks of the trees are all **bent**.
I **bent** my knees to her.

□□ **vend**

ⓥ **1 팔다, 매각하다 2 행상하다**
vending machine : 자동판매기
You can find a whole variety of **vending** machines there.

□□ **vendor**

ⓝ **판매자, 매각인, 노점, 행상인**
Soon, many other **vendors** began selling ice cream in waffle cones.

□□ **vent**

ⓝ **환기통, 배출구, 구멍, 관**
He finds **vent** for his frustrations in criticizing others.

□□ **ventilate**

ⓥ **1 환기시키다, 환기하다 2 통과하다 3 (의견, 불평 등을) 표명하다**
We will make sure to keep the area well **ventilated**.
Their grievances were **ventilated** at the meeting.

108. beacon / beckon / bacon

□□ **beacon**
ⓝ 횃불, 등대 ⓥ [1] 비추다, 광명을 주다, 유도하다 [2] 표지를 설치하다
She lit a **beacon** of hope for the whole world.

□□ **beckon**
ⓥ [1] 손짓하다, 신호하다 [2] 유혹하다
Fame and fortune **beckoned** to him.
He **beckoned** her to approach, which she did not.

□□ **bacon**
ⓝ 베이컨
You can also buy **bacon** chocolate and bacon jam at supermarkets in some countries!

109. begin / benign

□□ **begin**
ⓥ [1] 시작하다, 개시하다, 착수하다 [2] 일어나다, 발생하다(=originate)
He **began** as a water-color painter.

□□ **benign**
ⓐ [1] 자비로운, 친절[다정]한(=kind), 온화한 (기후 따위),
[2] (운명, 전조가) 길운(吉運)인 [3] (의학) 양성(良性)의 ↔ malignant.
Matha is a **benign** old lady who wouldn't hurt a fly.

110. beside / besides

□□ **beside**
ⓟ [1] ~의 옆에, 곁에(=next to), [2] ~과 비교하여 [3] ~을 벗어난
[1] at the side of; close to [2] compared with
She would like to live **beside** the sea.
There is no one to set **beside** him as a general.

□□ **besides**
ⓟ ~에 덧붙여서, 뿐만 아니라, ~이외에는 ⓐⓓ 게다가, 더욱이(=moreover), 또한
ⓟ in addition to; as well as ⓐⓓ moreover; also
I don't like that new dictionary; **besides**, it's too expensive.
I have three other hats **besides** this.

111. blush / bluish / flush

□□ **blush** ⓥ 홍조가 되다, 얼굴이 붉어지다 ⓝ 홍조, 수줍음
The child could not help **blushing** the truth.

□□ **bluish** ⓐ 푸른빛을 띤, 푸르스름한
This is why bruises look **bluish** when they are newly formed.

□□ **flush** ⓥ 1 물을 내리다, 쏟아져 나오다 2 홍조가 되다 ⓝ 홍조, 흥분
I forgot to **flush** the toilet!

112. benevolent / beneficial / beneficent

□□ **benevolent** ⓐ 1 자비심 많은, 호의적인(=favorable), 인정 많은, 친절한
ⓐ 1 호의적인, 선의의 ↔ malevolent : ⓐ 악의 있는, 심술궂은 2 찬성의
She is a popular TV celebrity widely known for her roles as a **benevolent** mother.

□□ **beneficial** ⓐ 유익한, 이익을 가져오는, (법률) 이익을 얻는, 수익의
They just focus on the things that are **beneficial** for them.

□□ **beneficent** ⓐ 1 자비로운, 친절한 2 인정 많은, 유익한
My mother-in-law is as **beneficent** as a saint.

113. benefit / beneficiary / beneficience / benefactor / benediction

□□ **benefit** ⓝ 1 이익, 혜택 2 자선 콘서트 3 (보험, 사회보장제도의) 급부금 ⓥ 득이 되다
What are some **benefits** of learning English in the Philippines?
The new tax law **benefits** large businesses.

□□ **beneficiary** ⓝ 1 수익자, 수혜자 2 (보험, 연금의) 수령인
Now the **beneficiaries** don't need to worry so much about paying for college.
As the **beneficiary** of the policy, you will receive everything.

□□ **beneficience** ⓝ 선행, 자선(=benevolence =benignity)
You simply ascribe omniscience and **beneficence** to the government.

□□ **benefactor** ⓝ 은인, 후원자, 기부자
That man was the theater's greatest **benefactor**.

□□ **benediction** ⓝ (예배 따위의 끝) 기도, (식전, 식후의) 감사기도; 축복
The Pope's **benediction** consoled the people discouraged by economic crisis.

114. bilateral / collateral / multilateral / unilateral

□□ **bilateral**
ⓐ 쌍방의, 양당의 ⓝ 양국, 양자, 상호, 동맹, 쌍방
The second round, which will ruin the **bilateral** relationship, is on March 30.

□□ **collateral**
ⓐ 1 평행한 2 부수적인, 간접적인 3 담보로 한 ⓝ 담보물
No **collateral** is needed for Grameen loans, which average about $200.

□□ **multilateral**
ⓐ 1 다방면의, 다자간의 2 많은 나라가 참가한
Powell was upbeat on the prospects for future **multilateral** nuclear talks.

□□ **unilateral**
ⓐ 1 일방적인, 한쪽만의 2 편무계약의
The party can comfortably push for a **unilateral** ratification of the bill.

115. blink / blank / brink

□□ **blink**
ⓥ 1 눈을 깜박이다 2 쇠퇴하다, 스러지다 3 무시하다
She **blinked** to stop the tears.
All regular phone communication **blinked** out.

□□ **blank**
ⓐ 1 공백의, 텅 빈 2 시시한, 공허한, 무익한 3 멍청한, 얼빠진, 무표정한
ⓝ 공백, 빈칸 ⓥ ~을 보이지 않게 하다, 말소하다, 폐쇄하다, 머리가 멍해지다
Can you also tell me where the **blank** videotapes are?
They stared at him with a **blank** expression of sullen resentment.

□□ **brink**
ⓝ 1 가장자리, 언저리 2 고비, 결정적 국면, 위기, 순간
Minhaj was one of these babies who was on the **brink** of death.
His failures brought him to the **brink** of ruin.

116. bound / bounce / rebound

□□ **bound**

ⓥ ~을 향하다, 튀다 ⓝ 경계, 범위
ⓐ 1 묶인, 갇힌, 구속된 2 제본한 3 ~할 의무가 있는
bound - bounded - bounded
He is **bound** to his company.
He was **bound** to write to her.

□□ **bounce**

ⓥ 1 회복하다, 되튀다, 반사하다 2 부도 처리하다
ⓝ 튀어오르기, (갑작스러운) 도약
bounce - bounced - bounced
The ball **bounced** off(against) the wall.
Yet Allen managed to overcome the disease and **bounced** back.

□□ **rebound**

ⓥ 되튀다, 반향하다, 되돌아오다 ⓝ 되튐, 반향, 메아리
The baseball **rebounded** from the wall.
Share prices **rebounded** today after last week's falls.

117. breath / breathe

□□ **breath**

ⓝ 1 숨, 호흡; 한숨 2 미풍, 속삭임 3 새기, 활기
Take a deep **breath**.
There is not a **breath** of air.

□□ **breathe**

ⓥ 1 숨쉬다, 호흡하다 2 (생기 등을) 불어넣다 3 (향기 등을) 발산하다, 표현하다
Calm down! **Breathe** slowly in and out.
A doctor **breathed** a new breath into his patient.
Flowers **breathe** out fragrance everywhere in spring.

C

118. canal / channel

☐☐ **canal**
ⓝ **운하 (ex. the Suez Canal), 만(灣)**
The existing **canal** was built 145 years ago.

☐☐ **channel**
ⓝ **1 해협 (ex. the English Channel), 강바닥, 수로 2 (TV, 라디오 등) 채널**
Researchers struck soundings in the **channel**.
The information came through official **channels**.

119. cancel / cancellation / console / consolation

☐☐ **cancel**
ⓥ **1 취소하다, 철회하다 2 상쇄하다, 탕감하다 3 삭제하다(=delete)**
She **canceled** her trip to New York as she felt ill.
His subsequent success **canceled** (out) his earlier blunders.

☐☐ **cancellation**
ⓝ **1 취소, 말소 2 해제**
The **cancellation** of the order for planes led to the closing of the factory.

☐☐ **console**
ⓥ **위로하다, 격려하다**
She visited the earthquake-hit country alone to **console** the people.

☐☐ **consolation**
ⓝ **위로, 위안**
Music brings me much **consolation**.

120. canon / cannon

☐☐ **canon**
ⓝ **교회법; 규범, 기준**
Mapplethorpe's pictures offended the **canons** of American good taste.

☐☐ **cannon**
ⓝ **1 대포, 기관포 2 허풍** ⓥ **대포를 쏘다, ~을 포격하다**
At the sound of the **cannon**, people started pelting one another with squashed tomatoes.
As it turned out, he's not just a loose **cannon**. He makes sense.

121. capable / probable

☐☐ **capable** ⓐ 유능한, ~할 능력이 있는, 가능한
He does not seem to be **capable** of learning from experience.

☐☐ **probable** ⓐ 개연성 있는, 있음 직한, 그럴듯한, 확실한 ⓝ 있음 직한 일
But on a scientific standpoint, there is no doubt that evolution is a very **probable** theory.

122. capability / capacity / probability

☐☐ **capability** ⓝ 능력, 재능, 적성, 가능성
He had the **capability** to succeed.

☐☐ **capacity** ⓝ 1 용량, 용적 2 능력, 자격 3 지위(=position), 가능성, 기능
This hotel has a large **capacity**.
This factory's productive **capacity** is 150 cars a week.

☐☐ **probability** ⓝ 있음 직함, 개연성, 확률
There is no **probability** of his succeeding.

123. carefree / careless

☐☐ **carefree** ⓐ 걱정 없는, 태평한, 낙천적인
People always tend to look back on their childhood as a **carefree** time.

☐☐ **careless** ⓐ 1 부주의한, 경솔한, 무관심한, 개의치 않는 2 부정확한, 불완전한, 소홀한
The truth is when you are a minority a small **careless** comment can leave a scar.
He is quick-tempered but he isn't **careless**.

124. capital / Capitol

☐☐ **capital** ⓝ 1 수도 2 자본, 자금 3 대문자 ⓐ 1 수도의 2 주요한
Seoul is the **capital** of Korea.
The company was started with a **capital** of $60,000.

☐☐ **Capitol** ⓝ (미국) 국회의사당
His public inauguration will be held on the west steps of the U.S. **Capitol**.

125. childish / childlike

☐☐ **childish** ⓐ **유치한(=infantile), 나약한, 어리석은(나쁜 뜻), 어린아이의**
This is because people often think that crying is **childish**.

☐☐ **childlike** ⓐ **아이 같은, 순진한, 천진한, 귀여운(=naive), 어린이에게 적합한 (좋은 뜻)**
He is **childlike**.
"Treading on the red soil gives a **childlike** comfort to me," he wrote in 1934.

126. chore / choir / core

☐☐ **chore** ⓝ **가사, 허드렛일, 잡일**
If one person does all the **chores**, then this takes a long time.

☐☐ **choir** ⓝ **합창단, 성가대, 악단** ⓥ **합창하다**
She sings in the school **choir**.

☐☐ **core** ⓝ **핵심, 정수, 중심부, 근원** ⓥ **속을 빼내다** ⓐ **중요한**
The **core** of economic democratization is an income redistribution policy.

127. cite / citation / sight / site / recite

☐☐ **cite**

ⓥ ¹ 인용하다, 언급하다(=quote) ² 소환하다, 소집하다 ³ 말하다 ⓝ 언급
The actor was **cited** for a hit and run accident.
The king **cited** the warrior to the field of battle.

☐☐ **citation**

ⓝ ¹ 인용, 인용구 ² 언급, 열거 ³ 소환
Each prize consists of a gold medal, a sum of money, and a diploma with **citation** of the award.
However, when you cite such sources, you must be sure to place the **citation** in context.

☐☐ **sight**

ⓝ ¹ 시력, 시야 ² 장면, 광경 ⓥ 발견하다, 확인하다, 관측하다
People in East Asia and the Western Pacific could view the spectacular **sight**.
When people dream, most remember vivid **sights** and sounds.

☐☐ **site**

ⓝ ¹ 현장, 부지 ² 유적, 자취 ⓥ 두다, 현장에 설치하다
Having armed security on-**site** does not prevent shootings.
Not only Seoul but also many places have their own historic **sites**.

☐☐ **recite**

ⓥ ¹ 암송하다, 낭송[낭독]하다 ² 말하다 ³ 열거하다
She can also **recite** poems, write in sentences, and add and subtract.

☐☐ **recital**

ⓝ ¹ 암송 ² 독주회 ³ 상술, 상세한 설명
She will give a piano **recital** next week.
He gave us a terrible **recital** of his experiences.

128. civil / civilian

☐☐ **civil**

ⓐ ¹ 시민의, 민간의 ² 예의 바른, 교양 있는 ³ 친근한; 정중한
It will also create a permanent and growing under class with few **civil** rights.
A settlement in a **civil** suit has the same effect as a court verdict.

☐☐ **civilian**

ⓐ 민간의(↔ military), 일반인의
He joined the charity trip to help the injured service men adapt to **civilian** life.
Their acts harm the well-being of **civilians**.

129. claim / acclaim / declaim / proclaim / declare

☐☐ **claim**

ⓥ 1 요구[청구]하다, 주장하다 2 말하다 3 목숨을 빼앗다 ⓝ 요구, 청구, 주장
The children are **claiming** their baggage.
The young man makes undue **claim** to originality.

☐☐ **acclaim**

ⓥ 환호(하다), 갈채를 보내다 ⓝ 격찬, 호평
The people **acclaimed** him (as) king.
Recently he has been **acclaimed** for his part in this TV drama.

☐☐ **declaim**

ⓥ 1 연설하다, 열변을 토하다, 맹렬히 비난하다 2 낭독하다 3 말하다
He **declaimed** against the wasteful ways of modern society.
The difference here is the actors don't sound like they are **declaiming** written lines.

☐☐ **proclaim**

ⓥ 1 선언하다, 선포하다, 공표하다 2 공공연히 칭찬하다
The king **proclaimed** martial law.
His conduct **proclaimed** him a sincere man.

☐☐ **declare**

ⓥ 1 선언하다, 선고하다, 신고하다 2 단언하다, 주장하다
She **declared** the meeting official.
He **declared** himself King.

130. classic / classical

☐☐ **classic**

ⓝ 고전 (작품), 명작 ⓐ 정평이 나 있는, 전형적인, 권위 있는, 일류의, 고전의, 유명한
Lincoln is a **classic** example of the self-made man.
Have you seen the **classic** film, The Sound of Music?

☐☐ **classical**

ⓐ 1 고전주의의, 고전의, 고전문학의 2 모범적인
You can listen to **classical** music while enjoying beautiful paintings.
a **classical** music

131. comic / comical

☐☐ **comic**

ⓐ 희극의, 희극적인, 익살스러운 ⓝ 희극배우, 희극영화
In his later years, he turned to creations of fantasy and **comic** invention.
a **comic** actor

☐☐ **comical**

ⓐ 1 재미있는, 익살맞은, 우스운, 웃기는 2 이상한, 기묘한
Everyone laughed at her **comical** remarks.
comical appearance

132. code / encode / decode / mode

□□ **code**

ⓝ [1] 규약, 법령, 규칙, 관례 [2] 암호, 부호, 기호

It is obvious that he violated the ethical **code** of a lawmaker.

The agent wrote the message in **code**.

□□ **encode**

ⓥ 암호화하다, 부호화하다

It means the **encoding** at Cyworld was not strong enough to protect your personal information.

□□ **decode**

ⓥ 해독하다, 번역하다, 풀다

An Italian research team recently **decoded** penguins' calls.

Lacking his code book, the spy was unable to **decode** the message sent to him in cipher.

□□ **mode**

ⓝ [1] 양식, 형식, 방법, 형태 [2] 관습

We should keep our phones in silent **mode** while in public.

But all **modes** of reading are not equal.

133. college / colleague / courage

□□ **college**

ⓝ 대학, 연구소

Community **colleges** are similar to universities in that students enroll in classes.

□□ **colleague**

ⓝ 동료(=co-worker), 동업자 ⓥ 연합하다

Finally, he invented the World Wide Web with his **colleagues**!

□□ **courage**

ⓝ 용기, 용맹

The child displayed an almost supernatural **courage** in saving his grandmother from the fire.

134. combative / combatant

□□ **combative**

ⓐ 호전적인, 전투적인, 싸움을 좋아하는

combat : ⓝ 전투 ⓥ ~와 싸우다

Men tend to be more silent and less **combative** on issues.

□□ **combatant**

ⓐ 교전 중인, 격투하는, 호전적인, 전투적인 ⓝ 전투원, 투사

Foreigners in the back are ambassadors of **combatant** nations of the war.

135. command / commend

command
ⓥ ¹ 명령하다, 지배하다, 억제하다, 지시하다 ² 내려다보다, 전망하다 ³ 구사하다
The general **commanded** the troops to withdraw.
have a good **command** of ~ : (언어)를 잘 구사하다

commend
ⓥ ¹ 칭찬하다(=compliment, praise) ² 추천하다, 권하다(=recommend)
SNU should be **commended** for making recruiting efforts to sources abroad.

136. commence / commemorate

commence
ⓥ 시작하다, 개시하다
He **commenced** digging so that he could insert the poles to support the fence.

commemorate
ⓥ 기념하다, 축하하다, 기리다
The statue **commemorates** the famous general's heroism.

137. comment / commentary

comment
ⓝ 논평, 비평, 말, 발언, 언급, 논평, 주석, 해설 ⓥ 의견을 말하다, 해설하다
It is true their **comments** can be a bit biased and exaggerated.
I also don't like hearing sexist **comments**.

commentary
ⓝ 해설, 주석, 논평, 주해 ⓥ commentate
However, Wolf did offer some optimistic points in his **commentary**.
Austen's novels are famous for their realism and their social **commentary**.

138. commerce / commencement

commerce
ⓝ ¹ 상업, 무역 ² 교섭, 교류 ⓐ 상업적인 ⓝ 상업광고
Now, he is studying **commerce** at Fudan University in Shanghai, China.

commencement
ⓝ ¹ 시작, 개시 ² 졸업식
A **commencement** speech is one thing that cannot be missed in a graduation ceremony.

139. commission / commitment / committee

□□ **commission**
ⓝ [1] 위임, 의뢰 [2] 임무, 책무, 권한 [3] 수수료 ⓥ 위임하다, 주문하다
Their argument is that the real culprit is fuel taxes and **commission** taken by the government.
She **commissioned** him to paint her portrait.

□□ **commitment**
ⓝ [1] 위임, 위탁 [2] 전념, 헌신, 몰두 [3] 약속, 공약 [4] 범행
To achieve this, increased **commitment** is required from political and business circles.
Voting requires **commitment** and understanding of society.

□□ **committee**
ⓝ 위원회
The **committee** is sitting on this question.
Four years later, she became the first woman to head the **committee**.

140. compact / impact

□□ **compact**
ⓐ [1] 압축된, 소형의, 조밀한, 빽빽한 [2] 작고 경제적인 [3] 옹골진
ⓥ 밀집시키다, 꽉 채우다, 압축하다
These cells are **compact**, but well-furnished for a night.
Pulp is **compacted** into paper.

□□ **impact**
ⓝ [1] 충격, 충돌 [2] 영향, 효과 ⓥ [1] 충돌시키다 [2] ~에 영향[충격]을 주다 [3] 채워 넣다
The **impact** of the crash threw the driver through the windshield.
We have yet to see the full effect of this negative **impact** of technology.

141. comparable / comparative / comparison

□□ **compare**
ⓐ [1] 비교할 수 있는, ~에 비해 [2] 필적하는, ~와 닮은 [3] 비슷한, 유사한, 동등한

□□ **comparable**
ⓥ 비교하다, 비유하다 **be comparable to ~ : ~에 필적하다**
I believe (that) my income is **comparable** with the average.
This planet lies in an orbit **comparable** to the Earth.

□□ **comparative**
ⓐ [1] 비교의, 비교에 의한 [2] 상당한, 상대적인
Indications have emerged in recent years that our **comparative** advantage over Europe and Asia is slipping.
Nationalism can hold different **comparative** values of the people.

□□ **comparison**
ⓝ 비교, 비유함, 유사
In **comparison** "Gangnam Style" is the first Korean-language song to reach the Hot 100.

142. compel / expel / impel / repel / propel

□□ **compel**
ⓥ 강제하다, 강요하다, ~하지 않을 수 없다, 굴복시키다
He felt **compelled** to visit his parents.
Compelling students to only study textbooks may bring about side effects.

□□ **expel**
ⓥ 추방시키다, 분출하다, 방출하다, 해고하다, 내뿜다
The dog is known to **expel** evil spirits.

□□ **impel**
ⓥ 1 강제하다, 재촉하다, 억지로 ~시키다 2 추진시키다
Poverty **impelled** him to this crime.

□□ **repel**
ⓥ 1 쫓아버리다, 물리치다, 격퇴하다 2 튀기다, 3 반발하다, 밀어내다
It is similar to how different types of magnets **repel** each other.

□□ **propel**
ⓥ 추진하다, ~을 나아가게 하다, 몰아대다, 재촉하다
The wind **propelled** the boat.

143. compulsion / impulsion

□□ **compulsion**
ⓝ 강요, 강제, (심리학) 강박(=constraint), 충동
He does not study except under **compulsion**.

□□ **impulsion**
ⓝ 충동(=urge), 충격, 추진, 자극
Baucher never included an exercise for **impulsion** in his book.

144. compulsive / impulsive

□□ **compulsive**
ⓐ 강제적인, 강박의, 강박관념의
Too much motivation, in fact, can even lead to **compulsive** behavior, depression, and addiction.

□□ **impulsive**
ⓐ 1 충동적인, 즉흥적인 2 추진력 있는
If you prefer Vanila, you are more likely to be **impulsive** and idealist.

145. compile / profile

□□ **compile**
ⓥ [1] 편집하다, 편찬하다 [2] 모으다, 수집하다
The report is based on data **compiled** by South Korean and other foreign governments.

□□ **compilation**
ⓝ 편집, 편찬

□□ **profile**
ⓝ [1] 측면도, 옆얼굴 [2] 인물 단평(=outline) [3] 윤곽, 외형, 외곽 ⓥ ~의 윤곽을 그리다
Look at that regal **profile**.
So, interviewers sometimes look at applicants' **profiles** on social networking sites.

146. complacent / complaisant / complaint / compliant

□□ **complacent**
ⓐ [1] 자기만족의, 기분 좋은, 상냥한, 자기만족적인 [2] ~에 무관심한
They are **complacent** in reality.
Far too many people are still **complacent** about environmental problems.

□□ **complaisant**
ⓐ 정중한, 공손한, 상냥한, 사근사근한, 고분고분한
Others have no option than to be **complaisant** with government school.

□□ **complaint**
ⓝ [1] 불평, 불만, 넋두리 [2] 고발 [3] 병(=disease)
So, still got **complaints** about the weather?

□□ **compliant**
ⓐ 유순한, 순응하는, 사근사근한, 고분고분한
She's a very **compliant** child, who always does as she is told.

147. complement / compliment

☐☐ **complement**

ⓥ 보충하다, 보완하다 ⓝ 보충물, 전수, 전량; 보어

The two had different musical styles that **complemented** each other well.

The ship's **complement** was on parade for the admiral's visit.

☐☐ **compliment**

ⓥ 인사하다, 칭찬하다, 경의를 표하다, 찬사, 칭찬하는 말, 칭찬하다, 아첨, 아첨하다

Instead, choose to **compliment** them on something they did or a choice they made.

To begin with, I'd like to **compliment** Dr. Nelson on this very interesting study.

148. complimentary / commentary

☐☐ **complimentary**

ⓐ 1 칭찬의, 인사의, 찬사의, 경의를 표하는 2 무료의(=free)

Most of the guests were very **complimentary** about the hotel and its staff.

Simply subscribe and we'll send you a **complimentary** copy of our cutting-edge newsletter.

☐☐ **commentary**

ⓐ 주석, 주해, 논평

However, Wolf did offer some optimistic points in his **commentary**.

149. complex / complexion / complexity

☐☐ **complex**

ⓐ 1 복잡한, 까다로운, 뒤얽힌(=intricate)
2 복합의, 합성의(=compound, composite)

ⓝ 1 심리적 열등감, 이유 없는 편견 2 복합체, 종합 빌딩, 단지

The legal profession; it is an interesting and uniquely **complex** field.

It is a shopping mall and office **complex** in downtown Toronto.

You also have a god **complex**.

☐☐ **complexion**

ⓝ 얼굴색, 안색; 상황, 국면, 양상; 기질, 체질, 성격; 관점, 견지

My **complexion** is bad these days.

In a few years, his **complexion** became pale and his hair turned grey.

the **complexion** of the war : 전황(戰況)

☐☐ **complexity**

ⓝ 복잡성, 난이도

Complexity is not indicative of a creator. There isn't a creator.

You should bear in mind the mood of an audience and **complexity** of a joke.

150. compose / depose / dispose / impose / oppose / propose / suppose

□□ **compose**

ⓥ 1 구성하다, 조립하다 2 작곡하다, 작문하다 3 조정하다, 종결시키다

The committee was **composed** of twenty men.
This piece of music was **composed** for the piano.
They form your voice on the page and **compose** your style.
Compose yourself!

□□ **depose**

ⓥ 1 면직시키다 2 증언하다

Margaret Thatcher was **deposed** as leader of the British Conservative Party in.
The witness **deposed** that he saw the accident.

□□ **dispose**

ⓥ 1 배치[배열]하다, 정리하다 2 처분하다 3 ~의 마음을 갖게 하다
dispose of ~ : ~을 처분하다, ~을 팔아버리다

We must contribute to purify and **dispose** of indiscriminate information on the Internet.
Overwork **disposes** one to sickness.
His encouragement **disposed** me for the job.

□□ **impose**

ⓥ 1 (의무, 세금, 벌 따위를) 지우다, 부과하다 2 강요하다 3 적용하다, 시행하다

A new tax has been **imposed** on cigarettes.
It also **imposed** a limited ban on the sale of each firm's products in Korea.

□□ **oppose**

ⓥ 1 반대하다, 저항하다, 대항하다, 맞서다 2 저지하다, 이의를 제기하다
opposite : ⓐ 마주 보고 있는, 정반대의 ⓝ 정반대의 존재

We **opposed** truth to falsehood.
On the contrary the U.S. and Australia are **opposing** the global tax on aviation.
Having been more strongly **opposed** than they had expected, they retreated.

□□ **propose**

ⓥ 1 제안하다, 제의하다, 발의하다(=suggest) 2 ~을 꾀하다 3 청혼하다, 신청하다

He **proposed** that it (should) be done at once.
What do you **propose** to do(=doing) with that creature?
Beethoven **proposed** marriage to her, but she turned him down and got married to an Austrian nobleman.

□□ **suppose**

ⓥ 가정하다, 생각하다, 추정하다

I **suppose** you are one of the best airlines in the world.
I just **supposed** (that) you weren't feeling well.
He is widely[generally] **supposed** to support the revolution.

151. composition / composer

☐☐ **composition** ⓝ 1 구성, 조립, 작곡, 창작 2 작문, 작품 3 기질; 성질, 성분
Urine has a similar **composition** with sea water.
There was a streak of stubbornness in his **composition**.

☐☐ **composer** ⓝ 작곡가; 작가
Besides the famous **composers**, the Vienna Boys Choir is also famous for its music.

152. conceive / deceive / perceive / receive

☐☐ **conceive** ⓥ 1 생각하다, 고안하다, 착상하다 2 상상하다, 이해하다 3 임신하다
Scientists first **conceived** the idea of the atomic bomb in the 1930's.
She **conceived** her first child at 21.

☐☐ **deceive** ⓥ 속이다, 기만하다, 현혹하다, 사기 치다
Of course not! People would be upset about it because they would feel **deceived**.
He **deceived** her into signing the papers.

☐☐ **perceive** ⓥ 1 (오감으로) 알아차리다, 인지하다, 지각[감지]하다 2 이해하다, ~로 생각하다
I **perceived** someone lying in ambush.
The patient was **perceived** to have difficulty in breathing.

☐☐ **receive** ⓥ 1 받다, 수령하다 2 (제안 등에) 응하다
I **received** a letter from my friend.

153. conception / deception / perception / interception

□□ **conception**

ⓝ 1 개념, 관념, 생각, 인식 2 고안, 계획 3 임신

Some people have wrong **conceptions** of history and he realized it was not appropriate.

She did finally conceive recently, but suffered a miscarriage only a month after **conception**.

concept : ⓝ 개념, 생각, 구상, 계획

This tower merges a high-end residential project with a completely ecological **concept**.

□□ **deception**

ⓝ 기만, 사기, 협잡, 책략(=deceit), 속임수

The extent of their **deception** is fantastic.

There is no **deception**.

□□ **perception**

ⓝ 1 지각, 인식, 인지, 이해 2 직관, 통찰 3 식별

That scientist studies **perception** in animals.

Change in the **perception** of such vehicles is needed before actually gaining popularity.

□□ **interception**

ⓝ 1 도중에 빼앗음, 방해, 저지 2 (통신상) 도청, 차단

Interception hasn't been conducted, and the government announced it will not engage in any negotiations with the pirates.

Did you see him make that **interception** last Sunday?

154. concern / discern / discernment

□□ **concern**

ⓥ 1 관계하다, 관여하다, 상대하다 2 걱정하다, 염려하다 3 ~에 중요하다
ⓝ 1 관계 2 중요성

Don't **concern** yourself with such trivialities.

Mother was **concerned** for me.

□□ **discern**

ⓥ 1 구별[분별]하다, 분간하다, 식별하다 2 인식하다, 알아보다

The leader should voluntarily manifest the desires to **discern** by asking.

We **discerned** the ship through the fog.

□□ **discernment**

ⓝ 구별, 인식력, 통찰력

Such **discernment** incorrect it may be, has some measure of truth.

155. conciliate / reconcile / recoil

□□ **conciliate**

ⓥ 달래다, 무마[회유]하다, 화해시키다, 알선[조정]하다
He **conciliated** the Egyptians by the respect which he showed for their religion.

□□ **reconcile**

ⓥ 화해하다, 조화시키다, 화합하다, 조정하다, 중재하다
He was **reconciled** with his former enemy.
How can you **reconcile** your ideal with reality?

□□ **recoil**

ⓥ 1 되튀다 2 물러나다, 후퇴하다(=retreat) ⓝ 후퇴, 뒷걸음질, 반동, 혐오
She **recoiled** in horror from the dreadful sight.

156. conciliation / reconciliation / cancellation / cancel

□□ **conciliation**

ⓝ 회유, 화해, 조정, 위로
conciliable : ⓐ 달랠[회유할] 수 있는, 화해[조정]할 수 있는
There was a brief period of **conciliation** but the fighting soon resumed.

□□ **reconciliation**

ⓝ 화해, 중재, 조정, 조화, 일치
There was no hope of a **reconciliation** between the two families.
One will complete **reconciliation** while the other will become a target of international derision.

□□ **cancellation**

ⓝ 취소, 말소, 해제
The **cancellation** of the order for planes led to the closing of the factory.
He said that he had no hand in the **cancellation**.

□□ **cancel**

ⓥ 1 취소하다, 철회하다 2 상쇄하다, 탕감하다, 보상하다 3 삭제하다(=delete)
The pluses and minuses **cancel** out.
She **canceled** her trip to New York as she felt ill.

157. confer / infer / prefer / refer

□□ **confer** ⓥ (칭호, 학위 등을) 수여하다, 협의하다, 의논하다, 상담하다
The medal was **conferred** on him, thanks to his devotion to public service.

□□ **infer** ⓥ 1 추론하다, 추측하다 2 결론짓다 3 의미하다, 암시하다(=imply)
I **infer** from what he writes to me that he wants to go abroad.
Freedom **infers** responsibility.

□□ **prefer** ⓥ 1 ~을 선호하다, 좋아하다 2 바라다 3 제출하다; 주장하다
She **preferred** that he (should) remain in Chicago.
She **preferred** fiction over history.

□□ **refer** ⓥ 1 말하다, 언급하다, 인용하다 2 ~을 참조하다, 조회하다, 문의하다 3 지시하다
The minister often **referred** to the Bible.
We have **referred** to the former employer for his character.

158. conference / inference / preference / reference

□□ **conference** ⓝ 1 회의, 회담, 협의 2 총회
On December 14, a special press **conference** was held to honor the Wonder Girls.

□□ **inference** ⓝ 추론, 추정, 추리, 결론, 암시
We make sweeping judgments and **inferences** from body language.
Bavelier says the process is called probabilistic **inference**.

□□ **preference** ⓝ 1 선호, 애호 2 우선권, 특혜, 편애
Economists and observers say the President definitely has a **preference**.

□□ **reference** ⓝ 1 참고, 언급, 참고 사항 2 인용 3 관계, 관련
He carefully avoided any **reference** to his personal affairs.
You may find some **references** in the footnotes.

159. confess / profess

□□ **confess** ⓥ 고백하다, 자백하다, 시인하다, 인정하다
He **confessed** to me (that) he had stolen a car.

□□ **profess** ⓥ 1 고백하다 2 공언하다, 단언하다
By the end of the 18th century, many educated Americans no longer **professed** traditional Christian beliefs.

160. confident / confidential

☐☐ **confident** ⓐ 1 자신감 있는, 확신하는, 자신만만한 2 건방진, 무례한
He is **confident** (that) his patient will recover.

☐☐ **confidential** ⓐ 1 은밀한, 비밀스러운, 기밀의 2 허물없는, 터놓은 3 신용 있는, 믿을 만한
Let's keep in mind that such records should be private and **confidential**.

161. confide / confidence / confine / define / refine

☐☐ **confide** ⓥ 1 (비밀 따위를) 털어놓다, 신뢰하다, 신용하다 2 맡기다, 위임하다
She **confided** to me that she hated her husband.

☐☐ **confidence** ⓝ 1 (타인에 대한) 신용, 신뢰 2 (자신에 대한) 확신, 자신 3 비밀
This builds **confidence** and makes the once not-so fun activity enjoyable.
This resulted in a crisis of overall **confidence** in the country.

☐☐ **confine** ⓥ 감금하다, 제한하다, 가두다, 국한시키다 ⓝ 한계, 범위, 경계
I **confined** my comments to the matter under consideration.

☐☐ **define** ⓥ 1 한정하다 2 정의하다, 규정하다 3 명시하다
A good dictionary **defines** words concisely.

☐☐ **refine** ⓥ 1 정제하다, 세련되게 하다, 다듬다 2 개선하다, 순화하다
All impurities were **refined** away.

162. definition / definite / refinement

☐☐ **definition** ⓝ 정의, 규정, 의미, 개념
As asserted in the **definition** of this debate competition creates merit.

☐☐ **definite** ⓐ 1 (윤곽, 한계가) 뚜렷한, 명확한, 분명한, 확실한, 명백한, 확정된
This is a **definite** solution for humans and Earth.

☐☐ **refinement** ⓝ 정제, 정련, 세련, 정밀, 순화, 개량, 개선
But, his **refinements** were incredible.

163. confirmation / conformity / information / reformation

□□ **confirmation** ⓝ 확인, 확증, 입증, 확정, 확립
The news lacks **confirmation**.

□□ **conformity** ⓝ 1 일치, 적합, 유사 2 순응, 복종
His behavior is in **conformity** with his words.

□□ **information** ⓝ 정보, 보도, 소식, 통지, 전달
We have no **information** yet on the car accident.

□□ **reformation** ⓝ 개혁, 쇄신, 교정, 감화
It became a trigger for the Protestant **Reformation**.

164. confuse / defuse / effuse / profuse / refuse / refuge / transfuse

□□ **confuse** ⓥ 혼란시키다, 당황하게 하다, 혼동하다(=confound)
Sometimes it can be **confusing** what to call them.

□□ **defuse** ⓥ (폭탄, 지뢰 등에서) 신관을 제거하다, 긴장을 완화하다, 진정시키다
He launched a government of unity to **defuse** racial tensions.

□□ **effuse** ⓥ 내뿜다, 방출(발산)하다, 유출하다
The room **effuses** happiness.

□□ **profuse** ⓐ 1 풍부한, 많은 2 아낌없는, 후한 3 사치스러운
Though he is **profuse** with his money, he is not that rich.

□□ **refuse** ⓥ 거부하다, 거절하다, 사절하다 ⓝ (인간) 쓰레기
He **refused** my offer for no good reason.

□□ **refuge** ⓝ 1 피난(=shelter), 도피, 보호(=protection) 2 피난처, 도피처
The suspects are taking **refuge** at Myeong-dong Cathedral in downtown Seoul.

□□ **transfuse** ⓥ 불어넣다, 주입하다, 수혈하다
Doctors were unable to **transfuse** blood into him because of his collapsed veins.

165. confusion / defuser(-zer) / profusion / transfusion / refusion / refugee /

□□ **confusion**
ⓝ **혼란, 혼동, 당황, 놀람**
A celebrity's presence in a political campaign only creates **confusion**.

□□ **defuser(-zer)**
ⓝ **위기를 해소하는 사람[것], 진정시키는 사람[것], 완화시키는 사람[것]**
One excellent system would be the reed **defuser**.

□□ **profusion**
ⓝ **대량, 풍부; 낭비, 사치**
His lifestyle resulted in a rather negative **profusion** of rumours.

□□ **transfusion**
ⓝ **수혈, 주입**
She survived thanks to emergency blood **transfusions**!

□□ **refusion**
ⓝ **재주입**
Many believed that a "defusion" would only lead to an eventual and inevitable "**refusion**".

□□ **refugee**
ⓝ **난민, 피난자, 망명자, 이탈자**
She aided war **refugees** and victims of disasters around the world.

166. conscribe / conscript / describe / description

□□ **conscribe**
ⓥ **징집하다, 제한하다**
Upon re-entering Greece, these people were generally forced to **conscribe**.

□□ **conscript**
ⓥ **징병하다, 징집하다** ⓝ **징집병** ⓐ **징집된(=drafted)**
When there are not enough volunteers for the armed forces, the government **conscripts** additional men.

□□ **describe**
ⓥ **1 설명하다, 묘사하다, 표현하다, 기술하다 2 평하다**
Describe to me how the accident happened.
Would you **describe** her as reserved?

□□ **description**
ⓝ **묘사, 설명, 기술, 서술**
That is not the **description** of art.
It is the **description** of a crime.

167. conserve / deserve

□□ **conserve**

ⓥ 보존하다, 보호하다, 절약하다
conservation : ⓝ (자연, 자원) 보호, 관리
conversationalist : ⓝ (자연, 자원) 보호론자
They are now ready to **conserve** energy for the winter.

□□ **deserve**

ⓥ ~할 만한 가치가 있다
The boy well **deserves** praise.

168. conservational / conservative

□□ **conservational**

ⓐ 자연보호의, 보존의, 보존에 관한
Reclaimed London bricks are fairly sought after for decorative and **conservational** use.

□□ **conservative**

ⓐ 1 보수적인, 온건한 2 수수한 ⓝ 보수주의자, 고루한 사람, 신중한 사람
Both Seoul's liberalists and **conservative** groups have never had such access.

169. constitute / constitution / institute / institution

□□ **constitute**

ⓥ 1 구성하다, 조성하다 2 제정하다, 설립하다 3 임명하다, 선임하다
Meat, milk, vegetables, fruit and starches **constitute** a balanced diet.

□□ **constitution**

ⓝ 1 구성, 조직, 설립, 제정 2 헌법, 규약 3 체격
He is a man who has a strong **constitution**.

□□ **institute**

ⓝ 연구소, 협회, 학회 ⓥ 설립하다, 시행하다, 실시하다
Its research **institute** is dedicated to academic research on Korea's traditional art.

□□ **institution**

ⓝ 1 기관, 협회, 제도 2 설립, 창설
Financial **institutions**, such as Shinhan Bank and Nonghyup , also suffered similar attacks.

170. constrain / restrain / refrain

□□ **constrain** ⓥ 강제하다, 강요하다, 억제하다, 억압하다
He was **constrained** to agree.

□□ **restrain** ⓥ 제지하다, 억제하다, 제한하다, 구속하다 ⓝ 감금
I **restrained** the children from arguing.

□□ **refrain** ⓥ 그만두다, 삼가다, 자제하다 ⓝ 후렴구
Take note of what you eat and try to **refrain** from eating larger-than-usual portions.

171. constraint / restraint / refrainment

□□ **constraint** ⓝ 강제, 제약, 구속, 속박
The alphabet system is a means to overcome time and space **constraints**.

□□ **restraint** ⓝ 제지, 억제, 규제, 속박, 구속
The government imposed **restraints** on the import of agricultural products.

□□ **refrainment** ⓝ 자제, 회피

172. contemptible / contemptuous

□□ **contemptible** ⓐ 경멸할 만한, 비열한, 한심한
A **contemptible** coward who regularly launches unprovoked attacks in over 25 different newsgroups.

□□ **contemptuous** ⓐ 남을 경멸하는, 깔보는, 경멸적인, 무시하는
be contemptuous of : ~을 경멸하다
They tend to be rebellious and **contemptuous** of their parents' wishes.

173. contingency / contingent

□□ **contingency**

ⓝ ¹ 우연성, 우발성(=chance) ² 우연한 사건

We must be prepared for all **contingencies**.

□□ **contingent**

ⓐ ¹ ~을 조건으로 하는, 부수하는, 의존적인 ² 우연적인, 우발적인 ³ 불확실한
ⓝ ¹ 분담액 ² 파견대 ³ 우발적 사건

The success of our plan is **contingent** on everyone's cooperation.
Farming is usually **contingent** upon natural conditions, such as climate and soil.

174. conscience / consciousness

□□ **conscience**

ⓝ ¹ 양심, 도덕심; 자제심, 분별 ² 의식

For those with a **conscience** and historical knowledge, racism is an extreme mindset that exudes ignorance and insensitivity.
A good **conscience** is a soft pillow.

□□ **consciousness**

ⓝ 의식, 자각, 인식, 정신

Although he was immediately taken to a nearby hospital, he wasn't able to regain **consciousness**.
Femininity refers to the characteristics or self-**consciousness** as a woman.

175. conscious / conscientious

□□ **conscious**

ⓐ 의식하고 있는, 의식이 있는, 지각 있는

He was **conscious** of a barrier between them.

□□ **conscientious**

ⓐ 양심적인, 성실한, 진지한

He is **conscientious** in his duty.

176. consent / content / consensus

□□ **consent**

ⓥ 동의하다, 승낙하다, 허가하다 ⓝ 동의, 승낙, 승인

He **consented** that the matter should be discussed openly by everybody.

□□ **content**

ⓝ ¹ 내용; 목차 ² 용량; 포용 능력 ³ 만족감 ⓥ 만족시키다 ⓐ 만족한

It was hard to understand the **content** of the lecture.

□□ **consensus**

ⓝ ¹ (의견, 증언 따위의) 합의, 일치, 조화 ² 교감

It is thus important for us to reach a **consensus** and act on it.

177. considerate / considerable

☐☐ **considerate** ⓐ ¹ 이해심 많은(=thoughtful), 동정심 많은 ² 사려 깊은, 신중한(=prudent)
He is not sufficiently **considerate** to (of) others.
We should also learn how to be **considerate** of others.

☐☐ **considerable** ⓐ ¹ 적지 않은, 상당한 (양의)(=substantial) ² 중요한, 유력한, 주목할 만한
ⓐⓓ **considerably**
The difference between the two descriptions is **considerable**.
We had **considerable** difficulty in getting tickets for the flights we wanted.
considerable labor

178. continuous / continual

☐☐ **continuous** ⓐ 연속적인, 지속적인, 계속되는, 중단 없이 계속되는
The brain needs a **continuous** supply of oxygen.
continuous development
continuous rain

☐☐ **continual** ⓐ 계속되는, 빈번한, 끊임없는, 연속적인
There was **continual** trouble on the front.
continual argument
continual misunderstanding between nations

179. contribution / distribution

☐☐ **contribution** ⓝ ¹ 기여, 기부, 공헌, 기고 ² 조세, 부과금
We shall be glad to receive any **contribution**.

☐☐ **distribution** ⓝ 분배, 유통, 배급(량), 배포(량), 분포
Improve **distribution** and order processing!
That newspaper enjoys a wide **distribution**.

180. contrive / contrivance / retrieve / retrieval

☐☐ **contrive** ⓥ 1 고안하다, 궁리하다, 꾀하다 2 일부러 저지르다 ⓐ 부자연스러운
The scientist wants to **contrive** a new machine for calculation.
The **contrived** issue surrounded the uniform sported by the Team U.S.A.

☐☐ **contrivance** ⓝ 1 고안(품), 발명(품), 장치 2 계략, 수단
They are **contrivances** that are apt to appear in science fiction novels.

☐☐ **retrieve** ⓥ 1 회복하다(=recover), 회수하다, 만회하다 2 검색하다 3 정정하다(=correct)
She bent down to **retrieve** the chalk.
When a helicopter came to **retrieve** the bodies, the tribe attacked it with spears and arrows!

☐☐ **retrieval** ⓝ 회복, 만회, 복구, 수복
The card will be reusable after **retrieval** and will save 3 billion won per year.

181. convert / converse

☐☐ **convert** ⓥ 1 바꾸다, 전환하다, 변형하다 2 개조하다, 개종하다, 전향하다 3 득점하다
She was **converted** from a socialist to a liberalist.

☐☐ **converse** ⓥ 1 대화하다, 담화하다 2 이야기하다 ⓐ 역의, 정반대의
conversation : ⓝ 대화
I guess computers will be able to **converse** like humans, too.

182. cooperate / corporate / coordinate

☐☐ **cooperate** ⓥ 협력하다, 협동하다
I **cooperated** with my friends in cleaning the classroom.
Everyone **cooperated** with the police to find the lost child.

☐☐ **corporate** ⓐ 회사의, 법인의 ⓝ 지배구조
Corporate profits have skyrocketed and they still don't hire people.

☐☐ **coordinate** ⓐ 동등한, 대등한 ⓥ 조정하다, 조직하다, 협력하다, 대등하게 하다
The repetitive training allows the brain to **coordinate** the peak velocity of the shoulder and wrist.

183. cooperation / corporation / coordination / coordinator

☐☐ **cooperation** ⓝ 협력, 협동, 협조, 교류
We know we may count on your **cooperation**.

☐☐ **corporation** ⓝ 회사, 법인, 단체, 조합
Corporations produce or sponsor web dramas as their marketing tools.

☐☐ **coordination** ⓝ 1 동격; 대등 관계 2 조정, 일치
Their excellent team work and **coordination** moved the judges.

☐☐ **coordinator** ⓝ 1 조정자, 동격으로[대등하게] 하는 것 2 등위접속사
David Chadwell is the state's **coordinator** of this program.

184. cord / chord

☐☐ **cord** ⓝ 1 끈, 줄 2 굴레, 속박, 구속 ⓥ 끈으로 묶다
She was wearing her glasses on a **cord** around her neck.
I quickly jerked the power **cord** off every appliance in the kitchen.

☐☐ **chord** ⓝ 1 현, 화음 2 감정, 정서 ⓥ 조화시키다
Its guitar music is based on powerful **chords** and its flamenco is a powerful art form.
The essays strike a **chord** with readers of all ages, and particularly to those youths feeling detached or lost.

185. corps / corpse

☐☐ **corps** ⓝ 군단, 대, 단체
A **corps** of volunteers helped in the relief effort after the disaster.

☐☐ **corpse** ⓝ 시체, 송장
He dissected more than 30 **corpses** in hospitals and medical schools.

186. corrode / erode

☐☐ **corrode** ⓥ 부식하다, 침식하다, 서서히 나빠지다, 좀먹다
Acid **corrodes** some metals.

☐☐ **erode** ⓥ 부식하다, 침식하다, 서서히 파괴하다, 손상시키다
Criticism **eroded** her self-confidence.

187. corrosion / corrosive / corridor / erosion

□□ **corrosion** ⓝ 1 부식, 침식 2 소모
This means that the element might usher in a **corrosion**-free era.

□□ **corrosive** ⓐ 1 부식성의, 부식제 2 소모시키는, 좀먹는 3 신랄한, 거센
The new films are strong and non-**corrosive**.

□□ **corridor** ⓝ 1 복도, 통로 2 간선도로
No one may pass along the **corridor** at this time of day.

□□ **erosion** ⓝ 1 침식, 부식, 침범, 침해 2 침식작용
A sugar and citric acid are the main culprits of tooth enamel **erosion**.

188. cosmic / cosmetic / domestic

□□ **cosmic** ⓐ 1 우주의 2 무한한, 장대한 3 포괄적인, 보편적인
cosmos : ⓝ 우주
Bill Gates is man with a wealth that is at a **cosmic** level.

□□ **cosmetic** ⓝ 화장품 ⓐ 화장용의, 성형의, 미용의, 겉치레의
They are also buying more and more **cosmetic** products.

□□ **domestic** ⓐ 국내의, 가정의, 내수의; 사육되어 길든 ⓝ 국산품
Domestic producers will simply not survive this kind of irrational taxing system.

189. council / consul

□□ **council** ⓝ 회의, 평의회, 위원회, 의회
The planning **council** made the London Eye a permanent London attraction in 2002.

□□ **consul** ⓝ 영사, 집정관
He made himself **consul** for life in 1802 and emperor two years later.

190. counsel / consult

☐☐ **counsel** ⓝ 특별검사, 변호사, 상담, 조언, 의논 ⓥ 조언하다, 상의하다
The independent **counsel** has been probing whether politicians influenced the deal.

☐☐ **consult** ⓥ 1 상담하다, 조언하다, 협의하다 2 참고하다 3 ~의 의견을 듣다
Have you **consulted** your doctor about your illness?

191. counselor / consultant

☐☐ **counselor** ⓝ 고문역, 상담역, 조언자; 고문
They must take the role of a mentor and a **counselor**.

☐☐ **consultant** ⓝ 상담역, 의논 상대 ; 고문
In 1996, Jobs returned as a part-time **consultant** at Apple.

192. credible / creditable / credulous

☐☐ **credible** ⓐ 신뢰할 수 있는, 믿을 만한, 확실한
Does this make Google truly the most **credible** source of information in the world?

☐☐ **creditable** ⓐ 명예로운, 칭찬할 만한, 훌륭한, 존경할 만한
His achievement of straight A's is very **creditable** to him.

☐☐ **credulous** ⓐ 남을 잘 믿는, 잘 속는
Children are usually more **credulous** than adults.

193. creditability / credulity

☐☐ **creditability** ⓝ 진실성, 신뢰성, 믿을 만함
Your article will do a better job of building **creditability** for you.

☐☐ **credulity** ⓝ 1 우직함, 고지식함 2 (남을) 잘 믿음, 잘 속음
Many of the reasons provided clearly stretch the **credulity** of its readers.

194. credibly / creditably

□□ **credibly**
(ad) 확실히, 확실한 소식통에서
Only if they're **credibly** able to strike the targets, which is far from certain.

□□ **creditably**
(ad) 훌륭히, 썩, 잘
Here he performed very **creditably**, finishing second to Akiba Rubinstein.

195. critic / critical / criticism

□□ **critic**
(n) 1 비판자, 비평가, 평론가 2 비난, 반대자
When it was published, it was immediately well received by **critics**.

□□ **critical**
(a) 1 비판적인, 평론의 3 위기의, 중대한(=crucial), 결정적인(=decisive, important, crucial)
Speed is also a **critical** factor when determining the severity of accidents.
In today's world, design is a very strong and **critical** competitive power.

□□ **criticism**
(n) 1 비평, 평론 2 비판, 비난
His personal homepage has been full of threats and **criticisms** ever since.

196. crook / hook / hoot

□□ **crook**
(n) 1 굽은 것, 갈고리 2 사기꾼 (a) 1 부정한, 속임수의 2 병에 걸린 (v) 구부리다
She carried her books in the **crook** of her arm.

□□ **hook**
(n) 1 갈고리 2 함정, 덫 (v) 1 구부리다 2 유혹하다, 속이다
Her skirt got **hooked** on a thorn.

□□ **hoot**
(v) 1 고함치다, 야유하다 2 (부엉이가) 울다, 경적 등을 울리다 (n) 고함 소리; 흥
The audience **hooted** at the speaker for his mistake.

197. crooked / hooked

□□ **crooked**
(a) 1 구부러진, 만곡한, 비뚤어진(=distorted), 꼬부라진 2 부정한

□□ **hooked**
(a) 1 갈고리 모양의, 매부리의 2 (마약에) 중독된; 열중한, 골똘한
She's **hooked** on the Internet.

198. crumb / cramp / crump / cram

□□ **crumb**
ⓝ 작은 조각, 빵 부스러기 ⓥ (빵을) 잘게 부수다, 가루로 만들다(=crumble)
Stop leaving **crumbs** on the carpet!

□□ **cramp**
ⓝ 1 쥐, 경련, 생리통 2 꺽쇠
If you don't, you could have an upset stomach, stomach **cramps**, diarrhea, or a fever.

□□ **crump**
ⓥ 우둑우둑 씹다, 자박자박 소리를 내다 ⓐ 부서지기 쉬운, 무른
You are talking about **crump**?

□□ **cram**
ⓝ 주입식 공부 ⓥ 억지로 채워 넣다, 밀어 넣다
He **crammed** four years of work into three months.

199. crumble / crumple

□□ **crumble**
ⓥ 1 빻다, 부수다, 부서지다 2 망하다, 무너지다
But today, the international drug control regime is starting to crumble.

□□ **crumple**
ⓥ 1 구기다, 구겨지다 2 압도하다 ⓝ 구김살
The author **crumpled** up yet another page of his manuscript.

200. curb / curve

□□ **curb**
ⓝ 1 재갈, 고삐, 2 억제, 구속(=restraint), 감소
ⓥ 제한하다, 억제하다, 억누르다, 재갈을 물리다
However, Pyongyang first wanted to get U.S. financial **curbs** against it lifted.
He came up with the tree-planting idea while thinking about the ways to **curb** global warming.

□□ **curve**
ⓝ 1 곡선, 커브, 만곡 2 상대평가 ⓥ 휘다, 만곡시키다
However, nobody knows why someone wanted to **curve** the trees.
They said the motorcyclist should have slowed down in the **curve**.

D

201. decline / incline / inclination / recline

□□ **decline** ⓥ 기울다, 쇠퇴하다, 감소하다, 정중히 거절하다 ⓝ 쇠퇴, 감소, 약화
His health has begin to **decline** now that he is old.

□□ **incline** ⓥ 1 기울다, ~한 성향이 있다, 경사지다 2 비슷하다 ⓝ 경사면
I **incline** to believe him.

□□ **inclination** ⓝ 1 경향(성), 성향, 성벽, 기호, 체질 2 경사(도), 경사면, 기울기
We all have an **inclination** to make mistakes when we are tired.

□□ **recline** ⓥ 눕다, 기대다, 의지하다, 뒤로 젖히다
On a recent flight, the man in front of me **reclined** his seat fully.

202. defer / differ / deter

□□ **defer** ⓥ 1 미루다, 연기하다(=postpone) 2 기다리다 3 존중하다, 양보하다; 경의를 표하다
Can we **defer** making a decision until next week?

□□ **differ** ⓥ 저지하다, 방해하다, 단념시키다
The temperature indoors and out **differed** by 10 degrees.

□□ **deter** ⓥ 다르다, 의견이 다르다, 차이가 나다
The sudden downpour **deterred** us from playing golf.

203. deference / difference / indifferent / deterrence / detergent

deference ⓝ 존경, 경의, 복종
There is no need to rise to greet me or in **deference** to me.

difference ⓝ 1 다름, 차이(=distinction) 2 중대한 변화 3 특징, 특색
different : ⓐ 1 서로 다른, 여러 가지의 2 별개의, 독특한
We have a **difference** of opinion over the subject.

indifferent ⓐ 1 무관심한, 중요치 않은, 개의치 않는 2 공평한; 냉담한 3 보통의
His **indifferent** attitude toward the poor was much criticized.
This is a hill of **indifferent** height to climb.

deterrence ⓝ 제지, 억제, 방해(물)
In conclusion, the United States should abandon its policy of nuclear **deterrence**.

detergent ⓝ 세제(=cleanser) ⓐ 세척성의, 정화하는
For something extra, try adding some dish washing liquid or **detergent**.

204. deduce / deduct

deduce ⓥ 1 추정하다, 추론하다(=infer) 2 더듬다, 밝히다
What consequences can be **deduced** from this hypothesis?

deduct ⓥ 1 빼다(=subtract), 공제하다 2 (가치 등을) 떨어뜨리다
After graduation, money will be **deducted** from the recipient's paycheck every month.

205. deficient / efficient / proficient / sufficient

deficient ⓐ 1 부족한, 결핍된, 불충분한 2 결함 있는
He is **deficient** in common sense.

efficient ⓐ 1 효율적인, 능률적인 2 유능한, 실력 있는
We must provide our students with **efficient** and effective ways to develop themselves.

proficient ⓐ 능숙한, 숙달된, 익숙한 ⓝ 숙달자, 숙련자, 명인
Your English must be quite **proficient** if you understood its meaning the first time.

sufficient ⓐ 충분한, 만족스러운
These clues will be **sufficient** to identify the murderer.

206. deficiency / deficit / efficiency / proficiency / sufficiency

□□ **deficiency** ⓝ 결핍, 부족, 결함
The most severe form of vitamin C **deficiency** is scurvy.

□□ **deficit** ⓝ 1 적자, 결손, 부족액 2 심신의 결함 3 불리한 상태
The problem is that the U.S. economy is under a large budget **deficit**.

□□ **efficiency** ⓝ 능률, 효율성
It is also lower in cost and has a higher production **efficiency**.

□□ **proficiency** ⓝ 숙달(성), 진보(=progress), 숙련, 능숙, 유창(함)
I heard that an early start doesn't always guarantee English **proficiency**.

□□ **sufficiency** ⓝ 1 충분(함), 충족, 충분한 수 2 다수, 다량
Self-**sufficiency** has emotional appeal, but that is not how the world works.

207. defy / purify / verify / rectify

□□ **defy** ⓥ 무시하다, 반대하다, 저항하다, 거부하다, 도전하다
Surely this **defies** the whole point of religion!

□□ **purify** ⓥ 1 정화하다, 정제하다, 없애다 2 제거하다, 추방하다
There are environmental costs to **purifying** tap water too.

□□ **verify** ⓥ 입증하다, 증명하다, 확인하다
How shall we look and **verify** that we actually have it?

□□ **rectify** ⓥ 시정하다, 개정하다, 고치다, 개선하다(=amend)
Perhaps it is time for the government to **rectify** the inequity.

208. dense / tense

□□ **dense** ⓐ 1 밀집된, 밀집한, 농후한, 무성한, 짙은 2 난해한, 모호한 3 아둔한
The garden was **dense** with grass.

□□ **tense** ⓐ 긴장된, 팽팽한, 긴박한 ⓝ 시제
I was so **tense** the night before my exams that I couldn't sleep.

209. defiance / purification / purifier / verification / verity

□□ **defiance** ⓝ 1 과감한 저항, 반항, 도전 2 공공연한 무시
Jeans became a symbol of **defiance** against authority.

□□ **purification** ⓝ 정화, 정제
It also distributed food and set up water **purification** systems.

□□ **purifier** ⓝ 정화기, 정화 장치, 정제기
The lack of a natural air **purifier** has left the atmosphere filled with carbon dioxide.

□□ **verification** ⓝ 입증, 증명, 확인, 증거, 확증
False and malicious rumors and **verification** should be clearly sorted out.

□□ **verity** ⓝ 진리, 진실, 진실성
No one can deny the **verity** of that research.

210. delivery / deliverance

□□ **delivery** ⓝ 1 구조, 구출 2 배달, 배송, 운송 3 인도; 분만
deliver : ⓥ 1 배달하다 2 인도하다, 넘겨주다 3 연설하다, 선고하다; 구조하다; 분만하다
deliberately : ⓐⓓ 신중히; 의도적으로
They demanded that I **deliver** up my fortune.

□□ **deliverance** ⓝ 1 구출, 구조, 해방 2 공식 견해; 진술
Work is the **deliverance** of mankind.

211. dependent / dependant

□□ **dependent** ⓐ 1 의지하는, 의존하는(↔ independent); 결정되는 2 종속적인, 종속한
The country is heavily **dependent** on foreign aid.
Success is **dependent** on your efforts.

□□ **dependant** ⓝ 부양가족, 종속물, 의지하는
The charge for the villa is usually **dependant** on the number of occupants.

212. density / tension / detention

□□ **density** ⓝ ¹ 밀도, 농도, 조밀도 ² 우둔함
Soda also hampers the increase in bone **density**, which is essential for body growth.

□□ **tension** ⓝ 긴장, 불안, 갈등
It is a matter causing great **tension** between the two sides.

□□ **detention** ⓝ ¹ 구류, 감금 ² 저지, 억류
No one shall be subjected to arbitrary arrest, **detention** or exile.

213. deposition / disposition / disposal

□□ **deposition** ⓝ ¹ 면직, 파면 ² 퇴적(물); 침전물 ³ 공탁
deposition of topsoil from a river in flood

□□ **disposition** ⓝ ¹ 성질, 기질 ² 기분, 경향, 취향 ³ 배열, 배치; 양도, 처분, 매각
People think artists have a **disposition** to passionately pursue beauty in the world.

□□ **disposal** ⓝ 처분, 처리, 폐기, 양도, 매각
A case in point is **disposal** of nuclear waste.

214. depress / impress / compress / oppress / suppress

□□ **depress** ⓥ ¹ 낙담시키다, 우울하게 하다 ² 하락시키다, 불경기로 만들다
The news **depressed** us.

□□ **impress** ⓥ 인상을 주다, 감명을 주다, 감동시키다, 명심하게 하다 ⓝ 인상, 감명, 특징
Books never **impress** all the readers in the same way.

□□ **compress** ⓥ 압축하다, 채워 넣다, 요약하다
I **compressed** my one week vacation into two days.

□□ **oppress** ⓥ 억압하다, 억누르다, 탄압하다, 압박하다, 진압하다(=suppress)
The heavy taxes **oppressed** the poor.

□□ **suppress** ⓥ ¹ 압력을 가하다, 탄압하다, 억압하다, 진압하다 ² 폐지하다; 은폐하다
Important evidence was **suppressed**.

215. depression / impression / compression / oppression / suppression

□□ **depression**
ⓝ 1 우울, 침체, 의기소침 2 불경기, 공황, 불황
They create fear, **depression** and chaos in their victim's lives.

□□ **impression**
ⓝ 1 인상, 감명; 생각, 감상 2 효과, 영향 3 흉내
The report made a great **impression** on those who heard it.

□□ **compression**
ⓝ 압축, 응축, 압착; 요약
CPR is composed of mouth-to-mouth resuscitation and chest **compressions**.

□□ **oppression**
ⓝ 1 억압, 압박 2 고뇌, 곤란
This is an act of obvious **oppression** and we will not take it sitting down.

□□ **suppression**
ⓝ 1 억압, 진압, 탄압 2 은폐
However, few believe that violent **suppression** out of fear is the fundamental solution.

216. desert / dessert

□□ **desert**
ⓝ 사막, 황무지, 불모지 ⓥ 1 버리다, 포기하다(=abandon), 없어지다 2 탈영하다
ⓐ 사막의, 불모의, 쓸쓸한, 버려진
The Sahara **Desert** is the largest and hottest desert in the world.
It is a pity that she (should) have been **deserted** like that.

□□ **dessert**
ⓝ 후식, 디저트
We had apple pie and coffee for **dessert**.

217. designation / resignation

□□ **designation**
ⓝ 지명[임명], 지정, 지시
His **designation** as chairman was unopposed.

□□ **resignation**
ⓝ 1 사직(서), 사임, 사표 2 체념, 단념
It is unprecedented for a Catholic leader to face calls for **resignation**.

218. designate / resign

□□ **designate**
ⓥ [1] 가리키다, 지명[임명]하다, 선정하다 [2] 부르다, 칭하다
The cross on the map **designates** where the explosion took place.

□□ **resign**
ⓥ [1] 사직[사임]하다, 물러나다, 사의를 표하다 [2] 포기하다, (운명 등에) 따르다, 복종하다
Apple's legendary CEO Steve Jobs **resigned** on August 24.

219. desirable / desirous

□□ **desirable**
ⓐ 바람직한, 호감이 가는
While its size is similar to Earth's, its climate may not be so **desirable**.
desirable surroundings

□□ **desirous**
ⓐ 원하는, 열망하는, 간절히 바라는
He was **desirous** that nothing((영) should) be done.
He was **desirous** of his son's success.

220. desolate / resolute / obsolete / isolate

□□ **desolate**
ⓐ 황량한, 쓸쓸한, 적막한, 고독한, 비참한 ⓥ 황폐하게 하다
She was **desolate** after the death of her husband.

□□ **resolute**
ⓐ 굳게 결심한, 결연한, 단호한(=determined), 의지가 굳은
resolution : ⓝ [1] 결심, 결의 [2] 해결, 해답(=solution)
Throughout the Asian region leaders seem tense but at the same time **resolute** about avoiding any escalation.

□□ **obsolete**
ⓐ [1] 쇠퇴한, 쓸모없는, 한물간(=disused) [2] 노후된, 퇴화된
This weakness was one of the main reasons diskettes became **obsolete**.

□□ **isolate**
ⓥ [1] 고립시키다, 소외시키다 [2] 분리하다, 격리하다 [3] 축출되다
isolation : ⓝ 고립, 격리
The new prisoner was **isolated** as soon as he arrived.

221. despair / repair / impair

□□ **despair**
ⓝ 절망, 자포자기 ⓥ 절망하다, 체념하다
= desperation, despondency, discouragement, hopelessness
He was in **despair** at his failure.

□□ **repair**
ⓥ 1 수리하다, 고치다, 수선하다 2 치료하다, 회복하다 ⓝ 수리, 수선; 회복
I'd like to **repair** our friendship if possible.

□□ **impair**
ⓥ 해치다, 손상시키다(=damage =inflict), 약화시키다
Dementia is a brain illness that severely **impairs** memory and reasoning ability.

222. devote / devout / devour / debut

□□ **devote**
ⓥ 헌신하다, 바치다, 전념하다, 몰두하다
devotion : ⓝ 헌신, 전념, 몰두
She **devoted** his life to music.

□□ **devout**
ⓐ 1 독실한, 경건한, 헌신적인 2 성실한 3 열성적인
At the same time, these rulers were **devout** Muslims.

□□ **devour**
ⓥ 1 게걸스럽게 먹다(=gobble) 2 탐독하다 3 파멸시키다, 삼켜버리다
She **devoured** the new book.

□□ **debut**
ⓝⓥ 데뷔, 처음 등장(하다)
He made his career **debut** as Alfredo in La Traviata in Vercelli in 1910.

223. dilute / delete

□□ **dilute**
ⓥ 희석시키다, 엷게 하다, 약화시키다 ⓐ 희석된, 약화된, 바랜
Korean is a beautiful language that is being **diluted** by a flood of nonstandard words.

□□ **delete**
ⓥ 지우다, 삭제하다, 없애다, 제거하다
Delete his name from the list of members.

224. discomfort / uncomfortable

□□ **discomfort**
ⓝ 불편(=unease), 불안 ⓥ 불쾌[불안]하게 하다
Can you reach down and touch your toes without any **discomfort**?

□□ **uncomfortable**
ⓐ 불편한, 민감한, 불쾌감을 주는
If we don't behave ourselves, we can make someone **uncomfortable**.

225. discover / invent

□□ **discover**
ⓥ 1 발견하다, 알다, 깨닫다 2 발굴하다; 밝히다, 폭로하다(=expose)
We never **discovered** how to open the box.
I **discovered** that John was gullible.

□□ **invent**
ⓥ 1 발명하다, 고안하다 2 날조하다, 꾸며내다, 창작하다
Do you know who **invented** the piano and when it was invented?
He **invented** games and tricks to make math more fun.

226. discreet / discrete

□□ **discreet**
ⓐ 지각 있는, 분별 있는, 신중한(=prudent)
He is very **discreet** in giving his opinion.
He was **discreet** about the affair.

□□ **discrete**
ⓐ 1 분리된, 별개의(=separate) 2 불연속의 3 추상적인
The chairman has his own **discrete** staff files.
Discrete moments from our lives are its chapters. But the story is not about these chapters.

227. disgust / disguise / camouflage

□□ **disgust**
ⓝ 역겨움, 싫증, 혐오, 메스꺼움, 반감 ⓥ 혐오감을 일으키다, 진저리 나게 하다
He could not hide his **disgust** at the task he was to perform.

□□ **disguise**
ⓥ 1 변장하다, 위장하다 2 감추다 ⓝ 변장, 위장, 속임수
The princess was **disguised** as an old woman.

□□ **camouflage**
ⓥ 위장하다, 감추다 ⓝ 변장, 위장, 속임수
Their spots act as a natural **camouflage** in the wild.

228. disinterested / uninterested

□□ **disinterested** ⓐ 1 공평한, 무관심한 2 흥미 없는, 사심 없는 3 냉담한
She seems completely **disinterested** in her work.

□□ **uninterested** ⓐ 1 사심 없는, 공평무사한 2 이해관계가 없는 3 냉담한
The candidate spoke for two hours to an **uninterested** audience.

229. displace / replace

□□ **displace** ⓥ 1 바꾸어놓다, 옮기다, 치환하다 2 제거하다, 추방하다; 해임하다 3 배기량이 ~가 되다
Many people were **displaced** by the war from their villages.

□□ **displacement** ⓝ 1 치환, 이동 2 파면, 추방 3 배기량
The **displacement** of the 2004 version has been increased to 2.2 liters.

□□ **replace** ⓥ 1 대체하다(=substitute), 교체하다, 바꾸다, 대신하다 2 보상하다, 돌려놓다
Hostility was **replaced** by love.

□□ **replacement** ⓝ 1 교체, 대체 2 대리인, 후임자
The **replacement** crew will be taken to the ISS aboard the Soyuz TMA-19.

230. distinct / distinctive

□□ **distinct** ⓐ 1 뚜렷한, 분명한(↔ vague) 2 독특한, 별개의, 다른
Horses and donkeys are **distinct**.

□□ **distinctive** ⓐ 1 특유의, 독특한(=peculiar) 2 뛰어난
He has a very **distinctive** accent.

231. diverse / inverse / invert / traverse

□□ **diverse**
ⓐ 1 다양한, 가지각색의, 여러 가지의, 다른, 광범위한 2 별개의 3 각계각층의
Sri Lanka has a **diverse** range of cultures, languages, and religions.

□□ **inverse**
ⓐ (위치가) 전도된, 역함수의, 반대의, 거꾸로의 ⓝ 역, 전도, 정반대, 역함수, 반전
We shall consider these questions in the **inverse** order of their presentation.

□□ **invert**
ⓥ 역으로 하다, 거꾸로 하다, 뒤집다, 전도하다 ⓝ 전도자, 전도물
The colors must have been **inverted**, too.

□□ **traverse**
ⓥ 1 횡단하다, 가로지르다, 넘다, 건너다 2 주의 깊게 고찰하다, 상세히 논하다 3 반박하다, 반대하다, 항변하다
The postman **traversed** his route.

232. diversity / inversion

□□ **diversity**
ⓝ 다양성, 상이(점)
At school, students can be taught by experts in the field of **diversity**.

□□ **inversion**
ⓝ 1 전도된 것, 정반대, 전환, 도치 2 반전; 역변류
They even have some of the beginnings of the rapid **inversion** behavior where they disappear.

233. donation / donor

□□ **donation**
ⓝ 기증, 기부(금), 모금, 성금, 기증품
donate : ⓥ 기증하다, 기부하다, 희사하다
The **donations** will disappear and only the rich will survive.

□□ **donor**
ⓝ 기증자, 증여자, 제공자, 헌혈자
The truth is there has been and always will be major **donors** to parties.

234. dormancy / dormitory / domination

☐☐ **dormancy** ⓝ **휴면, 잠복**
Johannsen studied the metabolism of **dormancy** and germination in seeds, tubers and buds.

☐☐ **dormitory** ⓝ **기숙사, 공동 침실**
Some even live in **dormitories**.

☐☐ **domination** ⓝ **지배, 우세, 통제, 억제**
There is no longer male **domination** in the field of politics.

235. dormant / dominant

☐☐ **dormant** ⓐ **잠자고 있는, 휴면의; 잠복 중인**
Mt. Fuji is a **dormant** volcano that could erupt at any time.

☐☐ **dominant** ⓐ **1 지배적인, 주요한, 우성의, 유력한, 우위의 2 높은 우뚝 솟은**
Male animals are often **dominant** over their females.

236. dosage / usage

☐☐ **dosage** ⓝ **복용량, 조제, 투약**
I'll keep track of your **dosage**.

☐☐ **usage** ⓝ **1 사용, 용례, 용법, 소비, 용도 2 관습, 관례, 처리, 취급**
About 75 percent of home water **usage** is in the bathroom.

237. dual / duel

☐☐ **dual** ⓐ **1 이중의, 이원적인 2 양수**
I think that South Korea should allow **dual** citizenship.

☐☐ **duel** ⓝ **결투, 대결, 투쟁, 겨루기** ⓥ **다투다, 결투하다**
It was a **duel** between a legend of tennis and a soon-to-be legend.

238. dumb / numb / thumb

□□ **dumb**

ⓐ ¹ 벙어리의, 말을 못하는(=mute) ² 우둔한, 어리석은 ⓝ 바보
They say that it is impossible to tell if junk food makes children **dumb**.

□□ **numb**

ⓥ 마비시키다, 완화시키다; 망연자실하게 하다 ⓐ 마비된, 저린, 멍해진
numbness : ⓝ 마비, 무감각, 저림
When I finally got home, all of my toes were **numb**.
Symptoms can include slight tingling, burning, itching or **numbness** in the hand and fingers.

□□ **thumb**

ⓝ 엄지손가락 ⓥ ¹ 훑어보다, 넘기다 ² 서투르게 하다
She **thumbed** quickly through the telephone book.

239. dummy / mummy / tummy / yummy

□□ **dummy**

ⓝ ¹ 마네킹 ² 견본, 모형, 가짜(고무젖꼭지) ³ 멍청이
ⓐ 모형의, 모조의, 가짜의
From there, to the modern ventriloquist's **dummy**, is but a brief moment in history.

□□ **mummy**

ⓝ 미라; 말라빠진 사람, 생기 없는 사람
Recently a second female **mummy** was uncovered by the workers again.

□□ **tummy**

ⓝ 배
This means he wants a **tummy** rub.

□□ **yummy**

ⓐ 맛있는(=delicious), 호화로운, 아름다운, 매력적인
You are really lucky to enjoy these **yummy** foods every day!

240. durability / durable / duration / during

□□ **durability**

ⓝ 내구력, 내구성, 연속성
Its texture and **durability** allows artists to do intricate carvings.

□□ **durable**

ⓐ 내구력 있는, 튼튼한, 오래 견디는
First is building a **durable** partnership based on shared visions and goals.

□□ **duration**

ⓝ 지속, 계속, 지속 기간, 내내, ~하는 중
Normally, lightning storms generate one or two flashes in the course of their **duration**.

□□ **during**

ⓟ ~동안에
First, spend some time in the sun **during** the day.

E

241. earthly / earthy

□□ **earthly** ⓐ 1 현세의, 지상의, 세속적인(↔ heavenly) 2 조금도, 전혀, 도대체
"But pray continue, provided your observations have an **earthly** direction."

□□ **earthy** ⓐ 1 흙 같은, 땅속의 2 저속한(=vulgar), 세속적인, 야비한
He used dark, **earthy** colors on a roughly textured canvas.

242. eatable / edible

□□ **eatable** ⓐ 맛 좋은, 먹을 수 있는
Other **eatable** items will be served by other people.

□□ **edible** ⓐ 먹을 수 있는, 식용의(↔ poisonous)
Recently, a fast food chain in Brazil introduced such **edible** packaging.

243. economic / economical

□□ **economic** ⓐ 1 경제의, 경제학(상)의, 경제에 관한 2 실리적인, 실용의 3 이익이 남는
The core of **economic** democratization is an income redistribution policy.

□□ **economical** ⓐ 1 검소한, 경제적인, 알뜰한, 절약하는(=frugal, thrifty) 2 간결한
But the dish is not as **economical** as people think.

244. elect / erect / select

□□ **elect**

ⓥ 선출하다, 선거하다, 결정하다, 채택하다 ⓝ 당선자 ⓐ 선출된

Most importantly, policies change every five years whenever a new leader is **elected**!

□□ **erect**

ⓥ 세우다, 건설하다, 대두하다 ⓐ 곧추선, 수직의

Some Japanese citizens decided to **erect** a memorial stone for Ahn Jung-geun.

□□ **select**

ⓥ 선택하다, 고르다, 선발하다, 선출하다

ⓐ 1 선택된, 선발된, 최고의 2 입회 조건이 까다로운(=exclusive), 폐쇄적인; 상류사회의

I was **selected** to make the speech.

The credit cards are only issued to a **select** group of customers with top financial records.

245. election / erection / selection

□□ **election**

ⓝ 선출, 선거, 투표, 선정

electee : ⓝ 당선자

She claimed that **election** fraud led by Doe made the entire **election** illegitimate.

□□ **erection**

ⓝ 직립, 건설, 조립

The **erection** of the memorial becomes a somewhat complicated issue.

□□ **selection**

ⓝ 선택, 선발, 정선

The new headmaster is a good **selection**.

246. embed / embody

□□ **embed**

ⓥ (마음, 기억 등에) 깊이 새겨 넣다; (물건을) 끼워 넣다, 파묻다

Color LED lights and speakers are **embedded** in the book.

□□ **embody**

ⓥ 1 구체화하다, 실현하다, 예시하다 2 포함하다(=comprise), 통합하다(=incorporate)

He also added that she **embodies** Pooh's values of "friendship and adventure."

247. embrace / embarrass

☐☐ **embrace** ⓥ [1] 껴안다, 포옹하다 [2] 환영하다, 기꺼이 승낙하다 [3] 포착하다; 둘러싸다
Many see this as the Vatican's latest move to **embrace** new technology.

☐☐ **embarrass** ⓥ 당황하게 하다(=confuse), 난처하게 하다, 방해하다, 혼란하게 하다
His crude behavior **embarrassed** me.

248. emergence / emergency

☐☐ **emergence** ⓝ 출현, 발생, 탈출
Blizzard should be thanking us for the **emergence** of e-sports.

☐☐ **emergency** ⓝ 비상사태, 위급, 위기, 급변, 응급 ⓐ 긴급한
It is especially hard to stay cool in an **emergency**.

249. emigrate / immigrate

☐☐ **emigrate** ⓥ 이주하다, 이민 가다
Today, many people **emigrate** to the country for a better life.

☐☐ **immigrate** ⓥ 이주하다, 이민 오다
Each year there are thousands of applicants hoping to **immigrate** to France.

250. eminent / imminent / prominent / permanent

☐☐ **eminent** ⓐ [1] 저명한, 유명한; 탁월한, 뛰어난, 두드러진 [2] 지위가 높은 [3] (산, 건물이) 높이 솟은
She is **eminent** in the field of linguistics.

☐☐ **imminent** ⓐ 절박한, 긴급한, 임박한(=impending)
If an eruption is **imminent**, the magma chamber will rise upward toward the surface.

☐☐ **prominent** ⓐ 유명한, 두드러진(=conspicuous), 탁월한, 뛰어난, 현저한
Our house is in a **prominent** position.

☐☐ **permanent** ⓐ [1] 영구적인(=perpetual), 불변의 [2] 상설의, 오래가는
If such tax becomes **permanent** there will be various companies and countless restaurants affected.

251. emperor / empress

□□ **emperor**
ⓝ **황제, 천황**
The princess was the niece of an **emperor** from the Tang Dynasty.

□□ **empress**
ⓝ **황후, 여제, 여왕**
It is where the **Empress** Myeongseong was killed by Japanese assassins in 1895.

252. enforcement / reinforcement

□□ **enforcement**
ⓝ **1 시행, 집행, 실시, 적용 2 강제 3 주장, 역설**
But as law **enforcement**, we have repressive and preventative measures.

□□ **reinforcement**
ⓝ **1 보강, 강화, 증원**
The **reinforcements** will raise the number of U.S. troops to around 55,000.

253. envious / enviable

□□ **envious**
ⓐ **부러워하는, 시기하는, 질투심이 강한**
an **envious** look
A child may be **envious** of his friend's new bike.

□□ **enviable**
ⓐ **탐나는, 부러운; 바람직한**
an **enviable** position
The village of Kippen commands **enviable** views over some of Scotland's finest scenery.

254. evidence / evidentness / evident

□□ **evidence**
ⓝ **증거, 흔적, 단서; 증언, 증인** ⓥ **입증하다, ~의 증거가 되다**
There is not much **evidence** to decide the matter.

□□ **evidentness**
ⓝ **명확성, 분명함**

□□ **evident**
ⓐ **분명한, 명백한, 생생한**
It's **evident** that he is guilty.

255. evolve / revolve

□□ **evolve**
ⓥ [1] 진전시키다, (결론 등을 서서히) 끄집어내다, 도출하다 [2] 진화하다
He **evolved** a new plan from my casual remark.
Man **evolved** from the ape.

□□ **revolve**
ⓥ [1] 회전하다, 자전하다, 선회하다; 운행하다 [2] 회전시키다
The earth **revolves** on its axis.
The earth **revolves** round the sun.

256. exaggerate / exasperate / excavate

□□ **exaggerate**
ⓥ 과장하다, 과대하게 하다, 악화시키다
The dress **exaggerates** her wasp waist.

□□ **exasperate**
ⓥ [1] 화나게 하다 [2] 악화시키다
Burns was **exasperated**

□□ **excavate**
ⓥ 구멍을 파다, 파서 만들다, 발굴하다
Archeologists have **excavated** over 500 tombs at the site so far.

257. exaggeration / exasperation / excavation

□□ **exaggeration**
ⓝ 과장(법), 과대
It was not **exaggeration** to say that it was a meteor shower show!

□□ **exasperation**
ⓝ 격분, 격앙, 악화
He looked at her with **exasperation**.

□□ **excavation**
ⓝ 굴착, 땅파기, 발굴, 유적
Since then, the **excavation** work has still been in progress.

258. except / excerpt / exempt

□□ **except**
ⓟ ~을 제외하고(같은 종류), ~이외에 ⓥ ~을 제외하다, 예외로 하다
exception : ⓝ 예외 exceptional : ⓐ 예외적인; 비범한
We are all ready **except** you.
There is no rule but has some **exceptions**.

□□ **excerpt**
ⓝ 요약, 발췌, 초록(=extract) ⓥ 발췌하다, 인용하다
The following are **excerpts** from his speech.

□□ **exempt**
ⓥ 면제하다 ⓐ 면제된 ⓝ 면세자
He was **exempted** from military service in 2004 since he had 10 molars missing.

259. exceed / precede / proceed / process

□□ **exceed**
ⓥ 능가하다, 넘어서다, 초과하다
The amount **exceeds** all past offers from a Japanese team for a Korean player.

□□ **precede**
ⓝ 시간, 순서, 지위 ⓥ 선행하다, 앞서다, 우선하다
A reception **preceded** the negotiations.

□□ **proceed**
ⓥ 1 나아가다, 전진하다, 계속하다 2 소송을 제기하다 3 비롯되다, 기인하다
The suit is **proceeding** rapidly.

□□ **process**
ⓝ 과정, 진행, 절차, 처리, 공정 ⓥ 처리하다, 가공하다
Your application for a mortgage is now being **processed**.

260. excess / precedence / procession / procedure / precedent

□□ **excess**
ⓝ 1 초과, 과잉, 잉여 2 무절제 **excessive : ⓐ 과도한, 여분의**
There was an **excess** of 2 gallon over the required amount.

□□ **precedence**
ⓝ 선행, 우선, 상위, 우위
This task takes[has] **precedence** over all others.

□□ **procession**
ⓝ 행진, 진행, 행렬
More than two million people joined his funeral **procession** in Paris.

□□ **procedure**
ⓝ 절차, 순서, 과정, 방법, 처리, 순서
His body was used to undergo the **procedure** the ancient Egyptians used.

□□ **precedent**
ⓝ 선례, 전례; 판례 ⓐ 선행하는, 앞서는; 앞의, 먼저의
There is a well-established **precedent**.

261. expand / expend / extend

☐☐ **expand** ⓥ [1] 넓히다, 확장하다, 팽창하다 [2] 부연하다
He was trying to **expand** his business.
His heart **expanded** in delight.

☐☐ **expend** ⓥ 소비[지출]하다, 쓰다
He is **expending** time and effort on an experiment.

☐☐ **extend** ⓥ [1] 뻗다, (세력, 의미를) 확장하다, 넓히다 [2] 연장하다 [3] 감사의 뜻을 표하다
I'd like to **extend** my deepest heart to you.
He **extended** his arms in a welcoming gesture.

262. exhausted / exhaustive

☐☐ **exhausted** ⓐ 탈진한, 기진맥진한, 소모된, 바닥난
My patience was **exhausted**.

☐☐ **exhaustive** ⓐ [1] 철저한(=thorough), 포괄적인, 완전한 [2] 소모시키는
This means it would make sense to have much more **exhaustive** research to find out who all the victims were.

263. expansion / expense / expenditure / extension / extent / extensive

☐☐ **expansion** ⓝ 확장, 확대, 팽창, 증대, 증설
The idea is to have trees prevent the **expansion** of yellow dust storms here.

☐☐ **expense** ⓝ (개인적) 경비, 비용, 지출
Keep **expenses** as low as possible.

☐☐ **expenditure** ⓝ (공공적) 지출, 비용, 지급, 소비, 소모
There will be **expenditure** for free elementary school meals.

☐☐ **extension** ⓝ [1] 연장, 확대, 확장, 연기 [2] 범위, 한도
Would you grant an **extension** on the deadline?

☐☐ **extent** ⓝ [1] 넓이, 크기 [2] 정도, 범위, 한도, 지역
Acid rain is damaging the forest to a surprising **extent**.

☐☐ **extensive** ⓐ [1] 광대한, 넓은, 대규모의 [2] 광범위한, 해박한 [3] 집중적인
Doctors have done **extensive** research into the effects of stress.

264. expectation / expectancy

□□ **expectation** ⓝ 대망(待望), 가망, 기대치; 예상되는 일, 전망, 확률, 가능성, 공산
I waited for my present with eager **expectation**.

□□ **expectancy** ⓝ 기다림, 대망(待望), 가망, 기대, 예상
life **expectancy**
The average life **expectancy** of a dog is about 12 years.

265. experience / experiment

□□ **experience** ⓝ 경험, 체험 ⓥ 겪다, 체험하다, 느끼다
Experience is the mother of science.

□□ **experiment** ⓝ 실험, 시험, 시도(=test, trial)
There was an interesting **experiment** about the importance of self control.

266. explain / complain / porcelain

□□ **explain** ⓥ 설명하다, 밝히다, 해명하다
explanation : ⓝ 설명
She **explained** (to me) that she was late on account of the bus strike.

□□ **complain** ⓥ 불평하다, 호소하다, 고발하다
complaint : ⓝ 불평; 질병
She is always **complaining** about something.

□□ **porcelain** ⓝ 자기(=china)
The Joseon Kingdom is well known for producing fine ceramics, such as white **porcelain**.

267. explode / explore

□□ **explode** ⓥ 폭발하다, 터지다, 폭발적으로 증가하다, 화내다
Her suspicion **exploded** into jealous accusations.

□□ **explore** ⓥ 탐구하다, 연구하다; 탐험하다, 개척하다
I found it while **exploring** the area around my home.

268. explosion / explosive / exploration / expedition

□□ **explosion** ⓝ 폭발(=outburst), 파열, 급증
They were the film crews who documented the atomic **explosions**.

□□ **explosive** ⓐ 폭발성의, 강렬한 ⓝ 폭약, 폭발물, 화약
A hurricane tore apart houses with **explosive** force.

□□ **exploration** ⓝ 1 탐사, 탐험 2 탐구, 조사 3 개발
As the fastest growing nation, China is making progress in space **exploration**.

□□ **expedition** ⓝ 탐험(대), 원정(대)
His **expedition** to the Arctic will be documented in a film.

269. exterior / interior / posterior / posterity

□□ **exterior** ⓐ 1 외부의, 바깥의 2 대외적인 3 외관상의, 외면적인 ⓝ 외부, 외면
The **exterior** of the church is decorated with many statues.

□□ **interior** ⓐ 1 내부의, 안에 있는 2 국내의 ⓝ 안쪽; 오지
The **interior** has been upgraded with a VIP lounge.

□□ **posterior** ⓐ 1 뒤의, 뒤쪽의 2 후부의, 둔부의
It was **posterior** to the year 1970.
posterior to World War II

□□ **posterity** ⓝ 후손, 후세, 자손
Our Founders saw themselves in the light of **posterity**.

F

270. fabric / fabricate

□□ **fabric** ⓝ 1 직물, 천, 소재 2 구조, 구성
The silk and other **fabrics** were imported from Italy.

□□ **fabricate** ⓥ 1 제작하다, 조립하다 2 위조하다, 꾸미다, 조작하다
=make up =forge =fake =counterfeit =pretend =deceive =invent
We are aware of the fact that media is oftentimes repetitive and **fabricated**.

271. facet / faucet

□□ **facet** ⓝ 1 국면, 양상 2 일면 3 단계
These upward trends can be found in every **facet** of our lives.

□□ **faucet** ⓝ 수도꼭지
She turns on the **faucet**.

272. falter / foster / poster / post

□□ **falter** ⓥ 1 비틀거리다, 더듬다, 중얼거리다 2 흔들리다, 주저하다, 망설이다
She **faltered** for a moment.

□□ **foster** ⓥ 기르다, 양육하다(=rear, raise), 조장하다, 육성하다
Affection to **foster** is stronger than the affection to give birth.

□□ **poster** ⓝ 포스터, 전단 ⓥ 포스터를 붙이다, 게시하다; 선전하다
When you see the CPR **poster** hanging on a wall, don't just pass by it.

□□ **post** ⓝ 1 기둥, 지주; 지위 2 주둔지 3 우편 ⓥ 붙이다, 공표하다, 공시하다, 알리다
Nearly 2,000 angry online entries have been **posted** on the show's website.

273. fancy / fanciful / fantasy / fantastic

□□ **fancy**
ⓝ ¹ 공상, 상상, 꿈, 환상 ² 기호, 애호, 취미 ⓐ 공상의, 상상의, 엄청난, 고급의
She had happy **fancies** of becoming a movie star.

□□ **fanciful**
ⓐ ¹ 공상에 잠기는 ² 변덕스러운 ³ 상상의, 비현실적인, 별난, 괴상한
I get paid to have **fanciful** theories.

□□ **fantasy**
ⓝ 환상, 몽상, 상상

□□ **fantastic**
ⓐ ¹ 환상적인, 굉장한, 멋진, 상상의 ² 괴상한, 별난, 변덕스러운, 이상한
He scored on a **fantastic** free kick in the first half.

274. fashion / passion / compassion

□□ **fashion**
ⓝ ¹ 유행, 옷, ~하는 방식, 일반적 풍조; 관례, 관습 ² 상류사회
The First Lady is famous for her excellent **fashion** sense.

□□ **passion**
ⓝ 열정, 감정, 흥미, 열광, 열중
The **passion** of love is powerful.

□□ **compassion**
ⓝ 동정, 연민
We took **compassion** on the orphan.

275. fat / fatty

□□ **fat**
ⓐ ¹ 뚱뚱한, 살찐 ² 기름진, 비옥한 ⓝ 지방, 기름
Please remember that the reason for obesity isn't just **fat**.

□□ **fatty**
ⓐ 지방의, 기름기가 많은, 지방질의, 지방으로 된
Eating Omega-3 **fatty** acids, almonds, and walnuts is good for your heart.

276. favorable / favorite / favored

□□ **favorable**
ⓐ 1 호의적인, 유리한, 좋은 2 긍정적인, 찬성하는
They are **favorable** to our plan.

□□ **favorite**
ⓐ 마음에 드는, 좋아하는, 인기 있는
I like all her books but this one is my **favorite**.

□□ **favored**
ⓐ 호감을 사는, 혜택을 받은, 유리한, 편리한
At the end of the film, the researchers tested which shape the babies **favored**.

277. favor / flavor

□□ **favor**
ⓝ 1 호의, 친절, 친절한 행위 2 조력, 지지 3 이익, 유리함 ⓥ ~에게 호의를 보이다
I ask a **favor** of a person.
At the end of the film, the researchers tested which shape the babies **favored**.

□□ **flavor**
ⓝ 1 맛, 풍미 2 양념 3 멋, 정취, 운치 ⓥ 맛을 내다, 풍미를 더하다
The company will release a new **flavor**.
Remember that the color and **flavor** of herb are various.
My mom **flavored** this soup with garlic.

278. feasible / plausible / feasibility / plausibility

□□ **feasible**
ⓐ 1 실행할 수 있는, 실현 가능한 2 적당한, 편리한, 적합한
Your proposal sounds **feasible**.

□□ **plausible**
ⓐ 그럴듯한, 정말 같은
Politicians who provide biased views might sound **plausible** to the public.

□□ **feasibility**
ⓝ 실현 가능성
This idea of obstructing the sun has potential but lacks **feasibility**.

□□ **plausibility**
ⓝ 그럴듯함, 개연성, 가능성
For now, let me try to convince you of the **plausibility** of this hypothesis, that it's actually worth taking seriously.

279. feat / feast / pea

□□ **feat**
ⓝ 위업, 공적, 공훈(=exploit) ⓐ 알맞은, 어울리는, 잘 맞는
Surprisingly, it took only about three months for Psy to achieve the **feat**.

□□ **feast**
ⓝ 축제; 진수성찬 ⓥ 즐기다, 먹다, 대접받다
Thanksgiving Day is a time for family reunions, **feasting**, and making merry.

□□ **pea**
ⓝ (완두) 콩; 쌍둥이 ⓐ 콩알만 한
The frog is the size of a **pea**!

280. ferment / fermentation / permanent

□□ **ferment**
ⓝ 1 효소, 효모 2 정치적 동요, 불안 ⓥ 발효시키다; 동요[흥분]시키다
These sugars are then **fermented** and turned into fuels and used as energy.

□□ **fermentation**
ⓝ 1 발효 2 흥분, 동요
Grain changes into alcohol through **fermentation**.

□□ **permanent**
ⓐ 1 영구적인(=perpetual), 불변의 2 상설의, 오래가는
If such tax becomes **permanent** there will be various companies and countless restaurants affected.

281. fertile / futile / futility / sterile / sterilize

□□ **fertile**
ⓐ 1 비옥한, 다산인 2 번성한(=luxuriant) 3 창조력이 풍부한
The land between the two rivers was rich and **fertile**, vital for the formation of a civilization.

□□ **futile**
ⓐ 1 헛된, 무익한, 효과 없는 2 시시한
He made a **futile** attempt to resist.

□□ **futility**
ⓝ 무익, 헛됨

□□ **sterile**
ⓐ 1 불모의(=barren), 불임의 2 메마른; 무익한 3 불임의
A mule is the **sterile** animal of a horse and donkey.

□□ **sterilize**
ⓥ 소독하다 ; 불임이 되게 하다

282. file / pile

□□ **file**

ⓝ 1 서류꽂이, 서류철 2 기록 ⓥ 소송을 제기하다, 정리하다
His wife, Maria Shriver, **filed** for divorce, which ended their 25 years of marriage.

□□ **pile**

ⓝ 1 더미, 퇴적물 2 다수, 다량 ⓥ 쌓다, 축적하다(=accumulate), 모으다
The huge amount of unsold books started to be **piled** up in his office.
The cart was **piled** high with fruits and vegetables.

283. find / found

□□ **find**

ⓥ 1 찾다, (우연히) 발견하다, 찾아내다 2 알다, 깨닫다; 알아보다
find - found - found
I **found** out what he does for a living.
We **found** the children to be undernourished.

□□ **found**

ⓥ 1 세우다, 창설하다 2 ~의 근거를 두다, ~에 입각하다
found - founded - founded
His claim was **founded** on fact.

284. fit / fix

□□ **fit**

ⓐ 1 적합한, 알맞은, 적당한, 어울리는 2 건강한, 튼튼한 ⓥ 적합하다, 어울리다
You are not **fit** to be in human company.

□□ **fix**

ⓥ 1 고치다, 해결하다 2 고정하다, 붙이다, 정하다 3 (식사를) 준비하다, 마련하다
It took 40 days to **fix** the cracks and holes on the statue.

285. firm / form

□□ **firm**

ⓐ 확고한, 굳은, 단단한, 견고한, 안정된 ⓝ 회사, 기업, 업체
Clinton Holds **firm** on the Decision to Halt Food Aid.

□□ **form**

ⓝ 1 형식, 양식 2 모양, 외관 3 서식 ⓥ 형성하다, 만들어내다
His answer took the **form** of a question.
Hail may be **formed** during thunderstorms or tornadoes.

□□ **formation**

ⓝ 형성; 구조

286. flash / fresh / flesh / plash / splash

□□ **flash** ⓝ [1] 섬광 [2] (감정 등) 돌발, 분출 [3] 순간 ⓥ [1] 번쩍이다, 빛나다; [2] 번득이다; 떠오르다
I saw the sunlight **flashing** on the water.

□□ **fresh** ⓐ 신선한, 새로운, 산뜻한 ⓝ 시작, 초기
That accident is **fresh** in my memory.

□□ **flesh** ⓝ 살, 고기; 신체, 육체; 피부 ⓥ 살을 붙이다, 구체화하다
They can rip through human's **flesh**!

□□ **plash** ⓝ [1] 철썩철썩, 첨벙첨벙 [2] 작은 연못, 물웅덩이 ⓥ (물을) 튀기다, 철썩 소리 내다
The mother **plashed** the baby's face with water.

□□ **splash** ⓥ [1] (물을) 튀기다, 물이 튀다 ⓝ 튀김, 튀기기
Children like to **splash** in the bath.

287. force / enforce / reinforce

□□ **force** ⓝ 군대, 힘, 세력, 군사력 ⓥ 강제하다, 강요하다, 억지로 ~시키다
He **forced** the pupils to be still.
We could not resist the **force** of his logic.

□□ **enforce** ⓥ [1] 시행하다, 집행하다 [2] 강요하다, 억지로 시키다 [3] 강력히 주장하다, 강조하다
Rules about having them turned off are impossible to **enforce**.

□□ **reinforce** ⓥ 강화하다, 보강하다, 강조하다, 촉진하다
They tend to expand and **reinforce** the feelings they have felt before and are used to.

288. fright / frighten / freight / plight

□□ **fright** ⓝ 놀람, 두려움, 공포
Her face froze with **fright**.

□□ **frighten** ⓥ 겁나게 하다, 놀라게 하다
The terrible sight **frightened** her.

□□ **freight** ⓝ 화물, 수송, 운임 ⓥ 운송하다, 책임지게 하다
I'm in the **freight** elevator.

□□ **plight** ⓝ 곤경, 역경 ⓥ 맹세하다, 서약하다; 약혼하다
We are all obliged to feel responsible for the **plight** of disabled people.

289. flagrant / fragrant / fragrance / fragrancy

☐☐ **flagrant** ⓐ 1 악명 높은, 극악무도한 2 눈에 띄는, 명백한
We cannot condone such **flagrant** violations of the rules.

☐☐ **fragrant** ⓐ 1 향기로운, 냄새 좋은 2 기분 좋은, 달콤한
The air was **fragrant** with blossoms.

☐☐ **fragrance** ⓝ 향기
Use **fragrance**-free air fresheners and household cleaners.

☐☐ **fragrancy** ⓝ 1 향기 2 향수

G

290. gaggle / giggle / goggle / gobble

☐☐ **gaggle** ⓥ 꽥꽥 울다 ⓝ 시끄러운 무리, 소란한 모임
a **gaggle** of tourists

☐☐ **giggle** ⓥ 킥킥 웃다, 낄낄 웃다, 키득거리다
The audience of friends and family **giggled**, chuckled, and laughed at the humorous performances.

☐☐ **goggle** ⓝ 고글, 보안경 ⓐ 방울눈의 ⓥ 눈을 휘둥그레 뜨고 보다
They wore helmets and **goggles** to protect their heads and eyes.

☐☐ **gobble** ⓥ 꿀꺽 삼키다, 게걸스럽게 먹다
You really **gobbled** up that pie.

291. gene / genetic / genetics

☐☐ **gene** ⓝ 유전자
And then one day, their taste **genes** were somehow modified.

☐☐ **genetic** ⓐ 유전의, 유전적인
The factors that shape our brain growth are **genetic** predisposition and environment.

☐☐ **genetics** ⓝ 유전학, 유전적 특징[현상]
She says that 50 percent of a person's happiness is because of **genetics**.

292. general / generic / genesis

☐☐ **general** ⓐ 일반의, 보통의, 보편적인; 전반적인, 총체적인, 대체적인, 개괄적인 ⓝ 장군
The rain has been **general**.

☐☐ **generic** ⓐ 일반적인, 포괄적인, 총칭의
For one reason, brand-name clothes are not distinctly better than **generic** clothes.

☐☐ **genesis** ⓝ 1 창세기(성서) 2 기원, 발생, 유래, 시초
Conflict is the **genesis** of creation.

293. geography / geology / geometry

□□ **geography** ⓝ 지리(학), 지형, 지세
Most important to **geography** was Magellan's realization of how big the earth is.

□□ **geology** ⓝ 지질학
It will put an orbital probe around the red planet to study its climate and **geology**.

□□ **geometry** ⓝ 기하학
I asked her to help me with my **geometry** homework.

294. genius / genuine

□□ **genius** ⓝ 1 천재, 영재 2 소질, 비범한 재능 3 특성; 풍토, 풍조
If you visit Liverpool in England, you can meet the **genius** girl.

□□ **genuine** ⓐ 1 진실된, 진짜의, 순종의 2 성실한, 거짓 없는 3 저자 친필의
Genuine efforts must be made to improve the nation's drinking culture.

295. gist / gust

□□ **gist** ⓝ 요점, 요지, 근본
The following is the **gist** of the essay.

□□ **gust** ⓝ 돌풍; 일진광풍; 격노, 폭발 ⓥ 분출하다
A sudden **gust** of wind blew his umbrella inside out.

296. gracious / graceful

□□ **gracious** ⓐ 호의적인, 친절한, 관대한, 예의 바른, 우아한
He is **gracious** to everyone.

□□ **graceful** ⓐ 우아한, 얌전한, 예의 바른
She also has a perfect, **graceful** posture.

297. greatly / largely

□□ **greatly**
ⓐⓓ **크게, 대단히, 몹시, 매우**
He was **greatly** respected by his students.

□□ **largely**
ⓐⓓ **주로, 대략, 대체로**
The success depends **largely** on his efforts.

298. grieve / relieve

□□ **grieve**
ⓥ **슬퍼하다, 애도하다; 괴롭히다**
grief : ⓝ 슬픔, 비탄
He **grieved** over his failures.

□□ **relieve**
ⓥ **1 경감[완화]하다, 안도하다 2 구원하다 3 해임하다**
relief : ⓝ 구원; 경감; 안심
Green makes people feel comfortable and **relieves** their stress.

299. grocery / greengrocery

□□ **grocery**
ⓝ **식품 잡화점, 식품점**
They don't have enough time to go **grocery** shopping.

□□ **greengrocery**
ⓝ **청과물 가게**
She gets vegetables from the **greengrocery** at the corner.

H

300. hail / sail / nail / snail

□□ **hail**
ⓝ 우박 ⓥ 환영하다; 인정받다; 소리쳐 부르다
The company is **hailed** as one of the most successful former Daewoo affiliates.

□□ **sail**
ⓥ 항해하다, 출항하다 ⓝ 돛; 항해; 범선
It is like **sailing** on the sea without a destination.

□□ **nail**
ⓝ 못; 손(발)톱 ⓥ 못 박아 붙이다, 고정시키다
It is so small that it can sit on a human thumb **nail**.

□□ **snail**
ⓝ 달팽이 ⓥ 우편으로 보내다
What comes to your mind when you think of **snails**?

301. healthful / healthy

□□ **healthful**
ⓐ 건강에 좋은, 건전한, 건강한
a **healthful** diet
The salt is more **healthful** than other white table salt.

□□ **healthy**
ⓐ 1 건강한, 건전한, 건강에 좋은 2 위생적인 3 유익한
a **healthy** body
We can expect a **healthier** school life from now on!

302. historic / historical

□□ **historic**
ⓐ 역사적으로 유명한, 중요한, 역사적인
the **historic** remains : 사적, 유적
It is held in **historic** Louisville, Kentucky, at the Churchill Downs race track.

□□ **historical**
ⓐ 역사에 관한, 역사적인, 역사상의
a **historical** novel : 역사소설
The **historical** disputes are continuing between South Korea and Japan.

303. hole / haul

☐☐ **hole** ⓝ 1 구멍, 홀, 구덩이 2 곤경, 궁지; 결점 ⓥ 구멍을 뚫다, 파다
There were numerous **holes** in his argument.

☐☐ **haul** ⓥ 1 세게 잡아끌다, 체포하다 2 트럭으로 운반하다 3 획득하다
If so, then Gary should **haul** his ashes, boxes and self elsewhere.

304. home / homage

☐☐ **home** ⓝ 집, 가정 ⓐ 가정의, 고향의
We were on our way **home** from my uncle's house.

☐☐ **homage** ⓝ 존경, 경의(=respect) ⓥ 경의를 표하다
This is our way to pay **homage** to him.

305. homework / housework

☐☐ **homework** ⓝ 숙제, 과제(=assignment), 가정학습
I'm glad to hear that you could finish your **homework**!

☐☐ **housework** ⓝ 집안일, 가사(=household chores)
This is because in the story, a poor young woman does **housework** all day.

306. honorable / honorary

☐☐ **honorable** ⓐ 1 고결한, 훌륭한, 명예로운 2 존경할 만한
I assured her that my intentions were **honorable**.

☐☐ **honorary** ⓐ 명예의, 명예로서 주어지는, 도의상의
Park is an **honorary** ambassador for the World Expo 2012, too.

307. hospitality / hostility

□□ **hospitality** ⓝ ¹ 대접, 환대 ² 이해, 수용
Of all the nationalities, Germans were the most satisfied with Korean **hospitality**.

□□ **hostility** ⓝ ¹ 적의, 적개심; 반대 ² 전쟁
Hostility between the two countries resulted in a war.

308. human / humane

□□ **human** ⓝ 인간, 사람, 인류 ⓐ 인간의, 인간다운, 따뜻한
They have been living closely with **humans** for a long time.

□□ **humane** ⓐ 자비로운, 인도적인, 인정 있는(=compassionate, considerate)
It has been called the most **humane** in the world.

309. humility / humble / humiliation / humiliate / humidity

□□ **humility** ⓝ 겸손(=modesty), 겸허, 비하, 굴욕
She was ashamed of her son's arrogance and wished that he had more **humility**.

□□ **humble** ⓐ 겸손한(=modest) ; 시시한, 천한
She is **humble** about her brilliant talents.

□□ **humiliation** ⓝ 굴욕, 모욕, 창피 주기
Intimidation, **humiliation** and discomfort are words which would best describe the process of torture.

□□ **humiliate** ⓥ 굴욕감을 주다
He felt utterly **humiliated**.

□□ **humidity** ⓝ 습도, 습기
Humidity, temperature, and air pressure determine the shape of a snowflake.

310. hypertension / hypotension / hypocrisy / hypothesis

□□ **hypertension**

ⓝ **고혈압, 과도한 긴장**

We are conducting extensive research into treatments for **hypertension** and heart disease.

□□ **hypotension**

ⓝ **저혈압**

In physiology and medicine, **hypotension** refers to an abnormally low blood pressure.

□□ **hypocrisy**

ⓝ **위선, 가장**

Journalism is still one of the strongest defenses against tyranny, corruption and **hypocrisy**.

□□ **hypothesis**

ⓝ **가설, 가정, 추측** ⓥ **가정하다**

Global warming has long since passed from scientific **hypothesis** to the realm of pseudo-scientific mumbo-jumbo.

I

311. identify / identity / identification

☐☐ **identify** ⓥ 1 (본인·동일 인물임을) 확인하다, 신원을 확인하다, 식별하다 2 동일시하다
She **identified** the bag as hers by telling what it contained.

☐☐ **identity** ⓝ 정체성, 신원, 동일성, 일치
It is of course to state a person's **identity** and a specific belonging.

☐☐ **identification** ⓝ 1 신분 (확인), 증명, 식별, 표시 2 동일시, 일체감
We use a fingerprint system in the **identification** of criminals.

312. imaginary / imaginative / imaginable

☐☐ **imaginary** ⓐ 1 가상의, 가상의, 가공의(=fictitious) 2 (수학) 허수의; 허수
The heroine of this film is an **imaginary** person.
an **imaginary** enemy : 가상의 적

☐☐ **imaginative** ⓐ 상상의, 상상력이 풍부한, 창의적인(=creative)
IMB thought that children have more creative and **imaginative** ideas than adults.
an **imaginative** poet : 상상력이 풍부한 시인

☐☐ **imaginable** ⓐ 상상할 수 있는, 상상할 수 있는 한의, 가능한 한
The printers use dry powder and water to create any **imaginable** sweet treat.
all means **imaginable** : 상상할 수 있는, 가능한 모든 수단

313. immoral / nonmoral

☐☐ **immoral** ⓐ 부도덕한, 사악한, 부당한
To add a personal note, it is an **immoral** industry.

☐☐ **nonmoral** ⓐ 도덕과 관계없는
Just as life came from the nonliving, so also the moral came from the **nonmoral**.

314. illuminate / illustrate

□□ **illuminate**
ⓥ 1 빛나게 하다, 밝게 하다 2 계몽하다, 교화하다 3 해명하다
Many scientific achievements have **illuminated** the last hundred years.

□□ **illustrate**
ⓥ 설명하다, 삽화를 그리다, 예시하다(=exemplify)
Books for children are **illustrated** with a lot of pictures.

315. illumination / illustration

□□ **illumination**
ⓝ 1 조명, 전등 (장식) 2 계몽; 설명
The Ontario Power Generation Winter Festival of Lights is Canada's best **illumination** festival.

□□ **illustration**
ⓝ 1 설명, 삽화 2 실례
This is a perfect **illustration** of why we need to be better prepared for natural disasters.

316. immerse / immense

□□ **immerse**
ⓥ 1 담그다, 빠져들게 하다 2 열중하게 하다, 몰입시키다
He **immersed** himself in the study of mathematics.

□□ **immersion**
ⓝ 침수, 침례; 열중, 몰두(=absorption)

□□ **immense**
ⓐ 막대한(=huge), 굉장한, 훌륭한, 거대한, 헤아릴 수 없는
His work has been an **immense** influence on medicine.

317. impending / imperative / imperious / imperial

□□ **impending**
ⓐ 절박한, 임박한, 박두한(=imminent)
Napoleon knew that another war with Great Britain was **impending**.

□□ **impend**
ⓥ (위험, 사건 따위가) 절박하다

□□ **imperative**
ⓐ 1 필수의, 긴급한, 절박한 2 강제적인, 명령의 3 절대 피할 수 없는
For the next president of the United States, this **imperative** should be a top priority.

□□ **imperious**
ⓐ 1 전제적인, 고압적인, 오만한, 도도한 2 긴급한, 불가결한
Many still feel China is an **imperious** country that is sometimes impossible to communicate with.

□□ **imperial**
ⓐ 1 제국의, 황제의 2 장엄한; 오만한 ⓝ 황제, 황후
Even the **Imperial** Household's weapons were of the highest quality.

318. implement / implementation / supplement

□□ **implement**
ⓝ 1 도구, 비품, 기구 2 수단, 방법 ⓥ 이행하다, 시행하다
Every airline **implemented** stricter safety measures.
agriculture **implements**

□□ **implementation**
ⓝ 이행, 집행, 수행; 완선
Schools may need to scrutinize their plans before their **implementation**.

□□ **supplement**
ⓝ 보충, 보완, 부록 ⓥ 보충하다, 보완하다, 채우다
He **supplements** his income with a part time job.

319. imposition / opposition / proposition / supposition

☐☐ **imposition**
ⓝ **(세금, 벌) 부과, 부담, 짐**
The clergy have enjoyed the privilege in the **imposition** of taxes, throughout history.

☐☐ **opposition**
ⓝ **1 반대, 대립, 적의 2 야당 3 대조, 대비(=contrast)**
Pacifism means **opposition** to war or violence of any kind.

☐☐ **proposition**
ⓝ **1 제안, 계획, 건의, 발의 2 명제; 서술, 진술**
Why is the **proposition** only focusing on media content?

☐☐ **supposition**
ⓝ **상상, 추측; 가설(=assumption)**
Here I am expanding the normal **supposition** of the terms I use.

320. impose / oppose / propose / suppose

☐☐ **impose**
ⓥ **1 지우다, 부과하다 2 강요하다, 제한하다 3 적용하다, 시행하다**
The judge **imposed** a fine on him.

☐☐ **oppose**
ⓥ **1 반항하다, 반대하다, 적대시하다, 대립하다 2 이의를 제기하다**
We **opposed** truth to falsehood.

☐☐ **propose**
ⓥ **1 제안하다, 제의하다, 발의하다 2 청혼하다; 신청하다**
He **proposed** that it (should) be done at once.

☐☐ **suppose**
ⓥ **가정하다, 생각하다, 추정하다, 암시하다**
His economic theory **supposes** the absence of inflation.

321. impressive / impressible / impressionable

☐☐ **impressive**
ⓐ **1 인상적인, 감동적인 2 멋진, 놀라운**
Christmas day saw an **impressive** fireworks display over the Indian sub-continent.

☐☐ **impressible**
ⓐ **감수성이 예민한, 다감한**
Madhyamam now has seven editions across the state of Kerala with am **impressible** readership.

☐☐ **impressionable**
ⓐ **감수성이 예민한, 민감한, 영향받기 쉬운**
This is especially true for children who are more **impressionable**.

322. indoor / indoors

□□ **indoor** ⓐ **실내의, 내부의**
Some schools make use of **indoor** gyms and roofs for PE classes.

□□ **indoors** ⓐⓓ **실내에서**
The children ran **indoors**.

323. impulse / repulse

□□ **impulse** ⓝ **1 추진(력), 충동, 자극, 원동력** ⓥ **충격을 주다**
He felt an **impulse** to take her hands.

□□ **repulse** ⓥ **1 물리치다(=repel), 격퇴하다, 거절하다 2 내쫓다**
She **repulse** an offer of friendship.

324. impulsion / repulsion

□□ **impulsion** ⓝ **충동, 충격, 자극, 원동력, 추진; 계기**
The hand is used to regulate the action, the legs to increase **impulsion**.

□□ **repulsion** ⓝ **1 격퇴, 물리치기 2 혐오, 반감 3 반박**
It's not just **repulsion**.

325. impulsive / repulsive

□□ **impulsive** ⓐ **1 충동적인, 감정에 끌린 2 추진적인, 밀고 나아가는**
Fast food culture makes people impatient and **impulsive**.

□□ **repulsive** ⓐ **1 혐오감을 일으키는, 불쾌한 2 쌀쌀한, 냉담한, 매정한 3 반발하는**
We all believe and think that it is **repulsive**.

326. indicate / intricate

☐☐ **indicate** ⓥ 1 가리키다, 지시하다 2 암시하다, 비추다 3 나타내다, 가리키다
Please **indicate** free gift you would like to receive.

☐☐ **intricate** ⓐ 1 복잡한(=complicated, complex), 난해한, 뒤엉킨 2 미묘한
The functioning of a single blood cell is highly **intricate** and sensitive.

327. indication / intricateness

☐☐ **indication** ⓝ 지시, 징후, 표시, 징조
His face showed no **indication** of what he was thinking.

☐☐ **intricateness** ⓝ 복잡성, 난해함, 뒤엉킴

328. inhabit / inhibit / exhibit

☐☐ **inhabit** ⓥ 1 살다, 거주하다, 서식하다 2 존재하다
Fishermen **inhabited** the coastal village.

☐☐ **inhibit** ⓥ 방해하다, 억제하다, 억누르다, 저지하다, 금하다
Using these words can greatly **inhibit** conversation.

☐☐ **exhibit** ⓥ 전시하다, 내보이다, 나타내다, 제시하다; 설명하다 **exhibition :** ⓝ 전시(회)
The building **exhibited** signs of faulty construction.

329. inject / infect / project / reject

☐☐ **inject** ⓥ 주사하다, 주입하다, 삽입하다
The doctor **injected** the nutrient into her.

☐☐ **infect** ⓥ 1 감염[오염]시키다 2 옮기다
Researchers worry that it means 1,000 children **infected** each day.

☐☐ **project** ⓥ 1 계획하다, 산출하다; 2 투사[영사]하다, 객관화하다 ⓝ 계획, 기획; 사업
He **projected** his hostility upon his boss.

☐☐ **reject** ⓥ 1 거절하다, 거부하다, 부인하다 2 가려내다, 버리다
Young people **reject** traditional morality.

330. injection / infection / projection / rejection

☐☐ **injection** ⓝ **주사, 주입, 투입**
One fact to be aware of is that stem-cell **injection** treatments are illegal.

☐☐ **infection** ⓝ **1 감염, 전염, 오염 2 영향, 감화**
The **infection** progressed at an alarming rate.
The doctor said rubbing eyes with dirty hands can cause an **infection**.

☐☐ **projection** ⓝ **1 돌출, 융기 2 투사, 영사, 투영; 영상 3 계획; 전망, 예상**
It has recently revised the growth **projection** for the Korean economy to 5.2 percent for 2010.

☐☐ **rejection** ⓝ **1 거절, 거부, 각하, 부인 2 구토, 폐기물, 배출물(=excrement)**
This means that the pain of **rejection** can make you feel really hurt.

331. industrial / industrious

☐☐ **industrial** ⓐ **1 산업의, 공업의 2 대형의, 단단한**
Its agricultural and **industrial** protectionism distorts the world economy and prevents wider prosperity.

☐☐ **industrious** ⓐ **근면한, 부지런한(=diligent); 노력하는, 열심인**
Eat regularly, be **industrious**, and be positive if you want to enjoy a long life.

332. induce / introduce / deduce / deduct / reduce / seduce

☐☐ **induce**
ⓥ 1 유인하다, 유도하다, 꾀다 2 야기하다, 유발하다 3 귀납하다
The medicine may **induce** drowsiness.

☐☐ **introduce**
ⓥ 1 소개하다, 도입하다, 안내하다; 채용하다 2 발표하다, 제출하다 3 시작하다
Potatoes were **introduced** into England in the 16th century.

☐☐ **deduce**
ⓥ 1 연역하다, 추론하다, 추정하다 2 더듬다, 밝히다
What consequences can be **deduced** from this hypothesis?

☐☐ **deduct**
ⓥ 1 공제하다, 빼다, 감하다 2 추론하다, 연역하다
After graduation, money will be **deducted** from the recipient's paycheck every month.

☐☐ **reduce**
ⓥ 1 줄이다, 감소시키다, 축소하다, 압축하다, 한정하다 2 낮추다, 할인하다
There are many ways to **reduce** plastics at home, too.

☐☐ **seduce**
ⓥ 1 유혹하다, 부추기다, 꾀다 2 매혹하다, 끌어당기다
The warm weather **seduced** me to the beach.

333. induction / introduction / deduction / reduction / seduction

☐☐ **induction**
ⓝ 1 유도 2 귀납법 3 유발, 유도
The firm had unveiled **induction**-type products, but they could not deal with mobility issues.

☐☐ **introduction**
ⓝ 1 소개, 도입 2 채용, 채택 3 서론, 서설, 도입부; 개론
Officials hope that the **introduction** of the alternative school will help educate these students.

☐☐ **deduction**
ⓝ 1 연역, 추론 2 (세금) 공제 3 차감액
His **deduction** that she was now dead was correct.

☐☐ **reduction**
ⓝ 감소, 축소, 삭감; 할인, 인하
The **reduction** amount was just half of the 17 trillion won.

☐☐ **seduction**
ⓝ 유혹, 꼬드기기; 매력
It is a "Devil's **seduction**."

334. informal / informative

☐☐ **informal**
ⓐ ¹ 비공식의, 약식의 ² 허물없는, 격식을 차리지 않는 ³ 평상복의
North Korea's **informal** ally, China showed discomfort over the joint maneuver.

☐☐ **informative**
ⓐ 정보를 주는, 유익한; 교육적인(=instructive), 지식을 주는
The talk was both **informative** and entertaining.

335. ingenious / ingenuous

☐☐ **ingenious**
ⓐ ¹ 정교한, 교묘한, 독창적인 ² 독창성이 풍부한 ³ 영리한
A new potato chip flavor is based on this **ingenious** idea.

☐☐ **ingenuous**
ⓐ ¹ 솔직한, 정직한, 숨김없는 ² 순진한, 꾸밈없는
She has an **ingenuous** view of the world.

336. inquire / require

☐☐ **inquire**
ⓥ ¹ 문의하다 ² 조사하다, 조회하다
She **inquired** the way to the library.

☐☐ **require**
ⓥ ¹ 필요하다 ² 요구하다, 요청하다, 명하다 ² ~을 필수로 하다
His injury **requires** that he (should) wear a neck brace.

337. inquiry / requirement / requisition / requisite / questionnaire

☐☐ **inquiry**
ⓝ ¹ 탐구, 연구 ² 조사 ³ 문의, 질문
After months of fruitless **inquiry** we finally discovered the truth.

☐☐ **requirement**
ⓝ ¹ 필요조건, 요건; 자격 ² 요구, 필수사항 ³ 필수품
My **requirements** are few and reasonable.

☐☐ **requisition**
ⓝ ¹ 요청, 요구, 명령 ² (문서에 의한) 요구 범인 인도 요청, 징발, 징용 ³ 필요
Army made a **requisition** on the village for horses.

☐☐ **requisite**
ⓐ ¹ 필수의, 필요한, 없어서는 안 될, 불가결한 ⓝ 필수품, 필수 조건
He lacks the **requisite** credentials for that job.

☐☐ **questionnaire**
ⓝ ¹ 질문서 ² 설문(지)
Researchers surveyed 1,000 dog owners through an online **questionnaire**.

338. inscribe / subscribe

□□ **inscribe** ⓥ 1 쓰다, 새기다, 적다 2 명심하다 3 기명하다, 등록하다
His gentle smile is **inscribed** in our memory.

□□ **inscription** ⓝ 1 비문 2 (유가증권, 주식의) 발행
The **inscription** was carved on Mount Seokda in Pyongannam-do.

□□ **subscribe** ⓥ 1 구독하다 2 기부[청약]하다, 출자하다, 응모하다 3 쓰다, 새기다
Many professors **subscribed** the petition supporting intellectual freedom.

□□ **subscription** ⓝ 1 청약, 신청, 응모 2 구독 신청 3 기부
I have a year's **subscription** to the magazine.

339. install / instill

□□ **install** ⓥ 1 설치하다, 가설하다 2 임명하다, 취임시키다 3 정착하게 하다
I'm **installing** a closed-circuit TV system.

□□ **instill** ⓥ 서서히 불어넣다, 주입시키다, (사상을) 스며들게 하다
The teacher **instilled** the idea of honesty in his students' mind.

340. installation / installment / instillation

□□ **installation** ⓝ 1 설치, 설비 2 임명, 서명 3 전시(품)
It is true that the **installation** costs behind wind turbines are fairly high.

□□ **installment** ⓝ 할부금, (연재물의) 1회분
Since then, every **installment** in the series has been hugely successful.

□□ **instillation** ⓝ 1 (사상의) 주입, 침투, 가르침 2 (방울) 떨어뜨림, 점적물
Rodents in the laboratory can be infected by intranasal **instillation**.

341. institute / institution

□□ **institute** ⓝ 연구소, 학원 ⓥ 1 설치하다, 마련하다, 제정하다 2 시행하다
The **institute** plans to install two such radars in the Seoul area by 2015.

□□ **institution** ⓝ 1 기관, 협회, 학회, 시설 2 제도, 법, 규칙; 관례, 관습
The current law bans gatherings within 100 meters of diplomatic **institutions**.

342. integral / integrate / integrated / integrity / integration

□□ **integral** ⓐ 1 필수 불가결한, 필수의, 요긴한 2 완전한; 통합의 3 적분(의)
A compressor is an **integral** part of an air conditioner.

□□ **integrate** ⓥ 통합하다, 포함하다, 융합하다, 접목하다; 집대성하다, 완성하다 2 적분하다
He **integrated** my proposal into the final report.
Children should be allowed to fully **integrate** and engage in this society.

□□ **integrated** ⓐ 1 평등한 2 통합된
an **integrated** neighborhood

□□ **integrity** ⓝ 1 진실성, 성실성, 고결; 위상 2 완전무결, 온전함
The late statesman is people of great **integrity**.

□□ **integration** ⓝ 1 통합, 조정, 융합 2 차별 철폐 3 적분법
If birthright citizenship is removed, the process of **integration** will inevitably suffer.

343. intelligent / intelligible / intellectual

□□ **intelligent** ⓐ 1 총명한, 똑똑한(=bright), 2 이해력이 뛰어난, 영리한, 머리가 좋은
Aquinas was a very **intelligent** person who later became an excellent lecturer.

□□ **intelligible** ⓐ 이해할 수 있는(=comprehensible), 알기 쉬운, 명료한
Our aim is **intelligible** to anyone.

□□ **intellectual** ⓐ 1 지적인, 지력의 (머리를 쓰는 일과 관련되어 있는) 2 이지적인
Dr. Monchi acknowledged the perception that **intellectual** capacity diminishes over time.

344. intellect / intelligence

□□ **intellect** ⓝ 지력, 지성; 지식인
Hwang Jini was noted for her exceptional beauty, charming quick wit, and extraordinary **intellect**.

□□ **intelligence** ⓝ 1 지능, 지력, 지성, 이해력 2 정보, 첩보
Dolphins are said to have a high degree of **intelligence**.

345. intention / intent / intension / intensity

□□ **intention** ⓝ [1] 의도, 의향, 의지 [2] 태도, 마음가짐
She studied hard with the **intention** of becoming an attorney.

□□ **intent** ⓝ [1] 의도, 의향 [2] 의미, 취지 ⓐ 집중하는, 열심인, 몰두하는
He fired the gun with **intent** to kill the man.

□□ **intension** ⓝ 집중, 강도, 긴장
You had no **intension** of finding him.

□□ **intensity** ⓝ [1] 강도, 집중, 세기, 농도 [2] 중요성
The **intensity** of their screams increases gradually.

346. interfere / interference / intervene / intervention

□□ **interfere** ⓥ [1] 간섭하다, 방해하다 [2] 조정하다, 중재하다 [3] 침해하다, 충돌하다, 지장을 주다
Skipping breakfast **interferes** with students' concentration during class.

□□ **interference** ⓝ 방해, 간섭; 혼선
Our organization is free from any **interference** by the government.

□□ **intervene** ⓥ [1] 끼어들다, 개입하다, 방해하다 [2] 조정[중재]하다, 화해시키다
He insists that governments **intervene** in economic systems to reduce the inequality.

□□ **intervention** ⓝ 개입, 간섭; 중재, 조정
The natural habitat is consistently being threatened and human **intervention** is continuing.

J

347. join / just

□□ **join**

ⓥ 1 결합하다, 합병하다; 인접하다 2 참가하다, 합치다, 동반하다 3 합류하다
A bridge **joined** the island to the mainland.

□□ **just**

ⓐ 올바른, 공정한, 정당한, 적정한, 합법적인
ⓐⓓ 정확히, 바로, 꼭, 단지, ~에 불과하여
She has no **just** cause for resentment.
He is **just** the man I've been looking for.
It happened **just** like this.

348. judicial / judicious

□□ **judicial**

ⓐ 1 사법의, 재판의, 재판상의 2 공정한; 비판적인
Over the years Iran's **judicial** system has been criticized by the international community.

□□ **judicious**

ⓐ 판단력 있는, 현명한, 분별 있는(=sensible), 신중한
A **judicious** father would have treated him otherwise.

L

349. label / level / lever

☐☐ **label**
ⓝⓥ 1 상표(를 붙이다), 꼬리표를 달다 2 ~을 …라고 부르다(=designate), 이름하다
Should **labels** be introduced on food?

☐☐ **level**
ⓝ 수준, 수위, 정도, 높이 ⓐ 1 평평한, 수평의 2 대등한 3 분별 있는, 침착한
This is one **level** below threatened and two levels below endangered.

☐☐ **lever**
ⓝ 레버, 지렛대 ⓥ 1 ~을 지레로 움직이다 2 해임하다
The first animal was trained to press a certain **lever** when it saw a red light.

350. lap / wrap

☐☐ **lap**
ⓝ 1 무릎 2 책임, 보호, 관리 3 한 바퀴 ⓥ 접다, 겹치다, 감다, 싸다
Most likely some students had to sit on a friend's **lap**.

☐☐ **wrap**
ⓥ 1 포장하다, 싸다, 두르다 2 보호하다 3 몰두하다, 전념하다
She **wrapped** a blanket around her sleeping baby.

351. latitude / longitude / longevity

☐☐ **latitude**
ⓝ 1 위도 2 자유 3 허용범위
The city lies at a **latitude** of ten degrees north.

☐☐ **longitude**
ⓝ 경도
The **longitude** is 50 degrees west.

☐☐ **longevity**
ⓝ 1 장수, 수명 2 장기근속
I believe being active is the secret of her **longevity**.

352. leak / leek

□□ leak
ⓥ 1 새다, 흘리다 2 누설되다 ⓝ 유출; 누설, 구멍
The tsunami and earthquake caused radiation **leaks** at the Fukushima Daiichi nuclear plant.

□□ leek
ⓝ 부추, 파
We planted lettuce seeds and **leek** seeds instead of grass.

353. leper / rapper / wrapper

□□ leper
ⓝ 나병환자, 세상에서 버림받은 사람
In the past, **lepers** were isolated from other people.

□□ rapper
ⓝ 1 랩 하는 사람 2 수다쟁이
The world-renowned **rapper**, Eminem, was awarded Artist of the Year.

□□ wrapper
ⓝ 포장지, 포장하는 사람
As a matter of fact, the **wrappers** are made with edible materials.

354. light / lighten / bright

□□ light
ⓝ 1 빛, 광선, 조명, 등, 불꽃 2 관점, 견지(=aspect) ⓐ 가벼운; 밝은
Turn to the right at the next **light**(s).

□□ lighten
ⓥ 1 밝게 하다, 빛나다, 환해지다, 비추다(=illuminate) 2 (짐을) 가볍게 하다
The news **lightened** her expression.

□□ bright
ⓐ 1 빛나는, 눈부신, 밝은, 환한; 화려한 2 똑똑한, 영리한 3 선명한, 산뜻한
The light is too **bright** in my eyes.

355. lighting / lightning / lightening

□□ lighting
ⓝ 조명, 점화, 점등, 채광
The huge candle star is the biggest **lighting** star in the world.

□□ lightning
ⓝ 1 번개 2 전율 ⓐ 번개 같은, 전광석화의
Lightning can strike even out of a clear blue sky.

□□ lightening
ⓝ 1 가벼워짐 2 하강감 (분만 2~3주 전)

356. lightly / brightly

□□ lightly
ⓐⓓ 1 가볍게, 살짝, 약간; 엷게 2 손쉽게, 들떠서, 경솔하게
It's raining **lightly** outside.

□□ brightly
ⓐⓓ 밝게, 상냥하게, 활짝, 환하게
The sun is shining **brightly** and birds are singing merrily.

357. like / likely / alike / likelihood / livelihood

□□ like
ⓐ 닮은, 유사한, 같은(=same), 비슷한 ⓟ ~와 같은, ~와 마찬가지로, ~에 필적하여
She is just **like** her mother.

□□ likely
ⓐ 1 있음 직한, ~일 것 같은, 유망한, 가능성 있는 2 적당한, 알맞은, 유망한
It is most **likely** that a new king will be crowned.

□□ alike
ⓐ (서술적 용법만) 서로 같은, 한결같은, 동등한 ⓐⓓ 똑같이, 같이, 동등하게, 한결같이
Wealth or poverty is **alike** to me.

□□ likelihood
ⓝ 가능성, 기회, 가망
The treatment reduces the **likelihood** of heart attacks.

□□ livelihood
ⓝ 생계, 살림, 생활
The economy is in recession and people's **livelihoods** are on titters.

358. likewise / clockwise / counterclockwise / otherwise

□□ likewise
ⓐⓓ 1 마찬가지로 2 게다가, 더욱이 3 역시; 동감이야
My second marriage was **likewise** unhappy.

□□ clockwise
ⓐⓐⓓ 시계 방향으로 돌아[도는]
Turn the lid **clockwise** if you want to close it tightly.

□□ counterclockwise
ⓐⓐⓓ 시계 반대 방향의
The eye is 16 to 64 kilometers wide, and winds blow **counterclockwise** around it.

□□ otherwise
ⓐⓓ 그렇지 않으면, 달리, 다르게, 그 이외의
I wrote to him; **otherwise** he would have worried about me.is continuing.

359. literal / literary / literate / illiterate

□□ **literal**
ⓐⓓ 1 ⓐ 1 문자 그대로의, 문자상의, 융통성 없는 2 엄밀한, 정확한
a **literal** translation
He deserves to be called a **literal** genius.

□□ **literary**
ⓐ 문학의, 문학적인, 문학에 밝은
All of our classic **literary** works were written in them.

□□ **literate**
ⓐ 글을 읽고 쓸 줄 아는, 학식 있는, 교양 있는, 박식한
a **literate** person
It's **literate** and delightful.

□□ **illiterate**
ⓐ 문맹(文盲)의, 읽고 쓸 줄 모르는, 교양 없는, 무식한
In that country about 60 percent of the population was **illiterate**.

360. live / lively / alive

□□ **live**
ⓥ 살다, 생존하다, 거주하다, 생활하다 ⓐ 1 살아 있는, 생생한 2 당면한
He managed to **live** through two world wars.

□□ **lively**
ⓐ 1 활기찬, 생기 넘치는 2 강력한, 예민한 ⓐⓓ 기운차게, 활발하게, 생생하게
The town is **lively** with tourists.

□□ **alive**
ⓐ 살아 있는, 생기 넘치는, 생생한, 활동적인
The street was **alive** with the sounds of the dealers.

361. locate / notate / rotate

□□ **locate**
ⓥ 1 위치하다, 놓다, 자리 잡다 2 ~의 위치를 찾다, 정착하다, 거주하다
Can you **locate** where we are on this map?

□□ **notate**
ⓥ 기록하다, 적다
This is usually **notated** in the middle portion of your cash flow statement.

□□ **rotate**
ⓥ 1 교대하다, 순환시키다 2 회전하다
You can **rotate** the wheel with your hand.

362. location / notation / rotation

□□ **location** ⓝ 장소, 위치, 지역, 자리
She always chooses the right style according to occasion and **location**.

□□ **notation** ⓝ 1 표시법, 표시 2 주석, 메모
May I see the **notation**?

□□ **rotation** ⓝ 교대, 회전, 순환
These **rotations** produce electricity.

363. loyal / royal / loyalty / royalty

□□ **loyal** ⓐ 1 충성스러운, 충직한, 성실한 2 지지하는
The **loyal** pet acted as a guard dog for his owner.

□□ **royal** ⓐ 1 왕가의, 왕족의 2 위엄 있는 3 멋진, 최고의; 유별난
The Prince of Wales, the brothers' father, was voted the 10th best-looking **royal** male.

□□ **loyalty** ⓝ 충성, 충실(=fidelity), 성실, 의리
A true friendship requires trust, sacrifice, honesty, **loyalty** and understanding.

□□ **royalty** ⓝ 1 왕족, 왕가, 왕위, 왕정 2 특허 사용료, 인세
The flag is only raised when **royalty** is present.

364. lunar / lunatic

□□ **lunar** ⓐ 달의, 달에 관한; 태음의
It was the longest **lunar** eclipse in more than a decade.

□□ **lunatic** ⓐ 미친, 정신이상자, 괴짜
Can somebody stop a **lunatic** from going on a shooting spree?

365. luxuriant / luxurious

□□ **luxuriant** ⓐ 1 무성한, 울창한, 비옥한(=fertile) 2 화려한, 현란한, 호화로운, 풍부한
Though she must have been well past sixty, her hair was **luxuriant** and brown.

□□ **luxurious** ⓐ 1 사치스러운, 호화스러운, 일류의, 고급의 2 방종한, 쾌락을 추구하는
New York may be a glamorous city, filled with skyscrapers and **luxurious** buildings.

M

366. magnify / signify

☐☐ **magnify** ⓥ 확대하다(=enlarge), 크게 하다, 과장하다
This microscope **magnifies** objects 500 times.

☐☐ **signify** ⓥ 1 의미하다, 나타내다, 알리다, 표명하다, 발표하다 2 중요하다
SOS **signifies** that a ship is in distress.

367. magnificent / significant

☐☐ **magnificent** ⓐ 1 웅장한, 훌륭한, 화려한, 숭고한 2 최상급의, 최고의 3 위대한
The view from the top of the mountain is really **magnificent**.

☐☐ **significant** ⓐ 1 중요한, 뜻깊은 2 상당한, 의미심장한, 중대한 3 시사하는, 암시적인
This success is **significant** for your future.

368. magnitude / multitude

☐☐ **magnitude** ⓝ 1 규모, 크기 2 정도 3 중요성, 위대함
No one seemed to grasp the **magnitude** of the problem.

☐☐ **multitude** ⓝ 다수, 군중, 일반 대중
I have a **multitude** of friends.

369. malign / malice / malicious / malady / malnutrition

□□ malign	ⓐ 유해한, 해로운, 악성의 ⓥ 헐뜯다, 해를 끼치다 The violation is **malign**.
□□ malice	ⓝ 악의, 적의(=malignity) He has no **malice** toward me.
□□ malicious	ⓐ 악의 있는(=malignant), 심술궂은 They smear the opponent's campaign with **malicious** slanders.
□□ malady	ⓝ 질병, 병폐, 나쁜 버릇 This alarming **malady** soon became known as the sweating sickness.
□□ malnutrition	ⓝ 영양결핍, 영양실조, 영양 부족 Over 60 percent of North Korean children suffer from **malnutrition**.

370. manifest / manipulate / manifestation / manipulation

□□ manifest	ⓐ 명백한, 분명한(=obvious) ⓥ 명시하다, 명백히 하다; 증명하다 It **manifests** the truth of the adage.
□□ manipulate	ⓥ 조종하다, 조작하다, 다루다 The media can **manipulate** public opinion.
□□ manifestation	ⓝ 명시, 표명, 표현, 구현, 현시 Asking is a **manifestation** of your curiosity.
□□ manipulation	ⓝ 조종, 조작; 속임수; 속이기 There is also room for deceit, **manipulation** and willful destruction.

371. mansion / mention / pension

□□ mansion	ⓝ 대저택, 맨션 Stately **mansions** pop up at every turn.
□□ mention	ⓥ 언급하다, 거론하다, 말하다 Don't **mention** the matter to anyone.
□□ pension	ⓝ 연금 The new **pension** scheme may force them to shoulder a heavy financial burden.

372. marble / marvel / marvelous

□□ **marble**
ⓝ 대리석, 구슬 ⓐ 대리석으로 된
The country has a lot of **marble**, limestone, and precious stones, too.

□□ **marvel**
ⓝ 경이, 불가사의, 기적 ⓥ 놀라다, 경탄하다
The spaceship is a **marvel** of science.

□□ **marvelous**
ⓐ 1 경이로운, 놀라운, 멋진 2 믿을 수 없는, 이상한, 불가사의한
It is **marvelous** that he should have done such a thing.

373. massive / messy

□□ **massive**
ⓐ 1 육중한, 큰, 대량의, 2 내용이 충실한, 훌륭한
The boxer had a **massive** jaw, vulnerable to punches.

□□ **messy**
ⓐ 1 엉망인, 지저분한, 혼란을 일으키는 2 귀찮은, 불쾌한
She's got very **messy** hair.

374. mass / mess / amass

□□ **mass**
ⓝ 1 덩어리, 모임, 집단 2 부피; 질량 3 일반 대중(=populace); 미사
ⓐ 대량의 대중의, 집단의
Would it make sense that **mass** protests can stop corruption?

□□ **mess**
ⓝ 1 혼란; 엉망진창, 난잡 2 더러운 것 3 회식(장) ⓐ 부도덕한, 타락한
ⓥ 1 엉망으로 만들다, 난잡하게 하다, 어지르다 2 회식하다
If you make a **mess**, it is important to clean it up.

□□ **amass**
ⓥ (긁어)모으다, 축적하다; 모이다, 집결하다
He **amassed** such stores of knowledge.

375. martyr / martyrdom / pilgrim / plagiarism

□□ **martyr**
ⓝ 순교자 ⓥ (신앙 때문에) 죽이다; 괴롭히다, 박해하다
It is thanks to all those **martyrs** and their hard work.

□□ **martyrdom**
ⓝ 순교, 순교자의 고통, 순사; 고난
It's the first act of revenge for the **martyrdom** of bin Laden.

□□ **pilgrim**
ⓝ 순례자, 청교도 ⓥ 순례 여행을 하다, 유랑하다
The **pilgrims** had a very difficult time in the New World.

□□ **plagiarism**
ⓝ 표절, 표절 행위, 표절물
One of the biggest problems rising in the field of publishing is **plagiarism**.

376. mayor / major / minor / mayoral / majority / minority

□□ **mayor**
ⓝ 시장, 군수
He became the first Seoul **Mayor** ever to be re-elected.

□□ **major**
ⓐ 1 주요한, 중요한, 큰 2 전공의 3 다수의, 과반수의 ⓥ 전공하다
ⓝ 1 전공 , 전공 과목 2 장조 3 (논리학) 대전제
Mad cow disease is a **major** problem for dairy farmers.
Smoking is a **major** cause of lung cancer.

□□ **minor**
ⓐ 1 사소한, 중요하지 않은 2 소수의 3 부전공인, 부차적인 ⓝ 미성년자, 부전공
Only a **minor** part of the population favors nuclear testing.
Minors are not allowed to buy alcohol.
What did you **minor** in?

□□ **mayoral**
ⓐ 시장의
They put forward Morris the cat as a candidate in the **mayoral** election!

□□ **majority**
ⓝ 다수, 대부분, 과반수
Majority still believes that he is a more suitable president for our society.

□□ **minority**
ⓝ 소수, 소수집단
Only a **minority** of citizens were satisfied with the result.

377. measure / measurement / measurable / measles

□□ **measure** ⓝ [1] 치수, 양; 기준, 척도, 측량 [2] 행동, 조치, 대책 [3] 법안, 조례 ⓥ 측정[평가]하다
By any **measure**, he is one of today's most remarkable scientists.

□□ **measurement** ⓝ 측정, 계량; 양, 치수; 크기, 두께
Can I take(make) your **measurements**?

□□ **measurable** ⓐ 측정 가능한, 잴 수 있는, 알맞은
Software has done this in a way that's been very visible, because it's **measurable**.

□□ **measles** ⓝ 홍역, 발진성 질병의 총칭
No one has natural defenses against, nor been vaccinated against **measles**.

378. mechanic / mechanical / mechanism

□□ **mechanic** ⓝ 정비공, 기계공
Pilot whales are much more sensitive to **mechanic** noises.

□□ **mechanical** ⓐ 기계적인, 자동적인; 기술적인
I want to major in **mechanical** engineering and help my father.

□□ **mechanism** ⓝ [1] 기계장치, 기구, 구조 [2] 기계론
Its **mechanism** is similar to a watch.

379. mediate / meditate / intermediate

□□ **mediate** ⓥ 조정하다, 중재하다, 수습하다, 중간에 위치하다; 성립시키다
The economy is **mediated** by political factors.

□□ **meditate** ⓥ 명상하다, 숙고하다, 계획하다, 기도하다
He was **meditating** a journey to Hawaii.

□□ **intermediate** ⓐ 중간의, 중급의 ⓝ 매개자, 중재자 ⓥ 조정하다, 중재하다
It is an **intermediate**-range ballistic missile.

380. mediation / meditation / immediate

☐☐ **mediation**
ⓝ 조정, 중재, 심사숙고
The labor dispute was resolved through the **mediation** of the governor.

☐☐ **meditation**
ⓝ 명상, 묵상
I also heard that praying is a wonderful form of **meditation**.

☐☐ **immediate**
ⓐ 1 즉각적인, 시급한, 당장의, 당면한 2 이웃의, 인접한 3 직접적인
Unfortunately, officials say there will be no **immediate** plans to meet the demands.
We got **immediate** results.

381. memory / memorial / memorable / immemorial / memorandum

☐☐ **memory**
ⓝ 1 기억, 추억 2 유산; 추모
Memories of their old home came to them.

☐☐ **memorial**
ⓝ 1 기념물, 기념비 2 기록, 각서 ⓐ 기념의, 유품의
The aquarium is planning to build a **memorial** in his honor.

☐☐ **memorable**
ⓐ 1 기념할 만한, 인상적인; 잊혀지지 않는 2 중대한, 중요한
We now observe the day as a **memorable** day in our history.

☐☐ **immemorial**
ⓐ 태고의, 아주 오랜; 먼 옛날의, 유사 이전의
Since time **immemorial**, young boys have loved to play with violent weapons.

☐☐ **memorandum**
ⓝ 비망록; (외교) 각서
Both parties will sign the **memorandum**.

382. merge / emerge / submerge / immerse

□□ merge	ⓥ [1] 합병하다, 결합하다; 점차 ~로 바뀌다 [2] 혼합하다 The Ohio River **merges** into the Mississippi River.
□□ emerge	ⓥ [1] 떠오르다, 나타나다; 드러나다 [2] 발생하다, 출현하다 [3] 벗어나다 With its popularity among all age groups, interesting trends have **emerged**.
□□ submerge	ⓥ 잠수하다; 잠기다, (물속으로) 가라앉다; 매몰시키다 If wool is **submerged** in hot water, it tends to contract.
□□ immerse	ⓥ [1] 담그다, 가라앉히다 [2] 빠져들게 하다, 열중하게 하다, 몰두시키다 He **immersed** himself in the study of mathematics.

383. mergence / emergence / emergency / immerge

□□ mergence	ⓝ 합병; 몰입; 소실 Their **mergence** will bring about Justice.
□□ emergence	ⓝ 출현, 발생, 탈출 The **emergence** of the Internet and short revenues in advertising are also to blame.
□□ emergency	ⓝ 응급, 긴급, 위기, 비상, 급변 ⓐ 긴급한 It had to make an **emergency** landing in waters off the west coast.
□□ immerge	ⓥ 뛰어들다(=plunge), 가라앉다, 사라지다 I know both of these plot threads **immerge** from the background in more than two episodes.

384. migrate / immigrate / emigrate / migration / immigration / emigration

☐☐ **migrate**
ⓥ **이주하다, (새들이) 이동하다**
The butterflies **migrate** from the southern part of Taiwan to the north each year.

☐☐ **immigrate**
ⓥ **이민 오다, 이주시키다**
Each year there are thousands of applicants hoping to **immigrate** to France.

☐☐ **emigrate**
ⓥ **이민 가다**
Many people **emigrate** to the country for a better life.

☐☐ **migration**
ⓝ **이주, (새들의) 이동**
It scored poorly in trade, investment, **migration**, environment, and security.

☐☐ **immigration**
ⓝ **(들어오는) 이민, 이주; 출입국 관리**
The **Immigration** Service's Website is now providing test and interview samples.

☐☐ **emigration**
ⓝ **(나가는) 이민**
His depression began shortly after his daughter's **emigration**.

385. immigrant / emigrant

☐☐ **immigrant**
ⓝ **(들어오는) 이민자, 이주자, 입국자**
With more **immigrants** flowing into the nation, more interracial marriages are happening.

☐☐ **emigrant**
ⓝ **(나가는) 이주자, 이민**
The ministry said it had no long-term policies to deal with the illegal **emigrant** issue.

386. militant / military

☐☐ **militant**
ⓐ **호전적인, 공격적인(=aggressive), 과격한** ⓝ **군인, 무장단체**
He was the founder of the **militant** Islamist organization al-Qaeda.

☐☐ **military**
ⓐ **군대의, 군인의, 병역의; 군인다운** ⓝ **군, 군대**
He won a scholarship to a French **military** academy at the age of 14.

387. miser / misery / miserly / miserable

□□ miser	ⓝ 구두쇠, 수전노 The angry **miser** hates Christmas.
□□ misery	ⓝ 재앙, 비참, 불행, 고통 Bullies bring **misery** to young teenagers.
□□ miserly	ⓐ 인색한, 수전노인, 욕심 많은 The **miserly** millionaire refused to part with any of his money.
□□ miserable	ⓐ 1 불행한, 비참한, 절망적인 2 부족한, 서투른 You don't know how **miserable** I feel about it.

388. missionary / ministry / minister / administer

□□ missionary	ⓝ 선교사 ⓐ 전도의, 사절다운 mission : ⓝ 임무, 선교 The Christian faith was not brought to the shores of Korea through **missionaries**.
□□ ministry	ⓝ 목사; 내각, 각료(=cabinet) He entered the Christian **ministry** and became a pastor.
□□ minister	ⓝ 1 목사, 성직자 2 장관 ⓥ 거행하다, 집행하다; 주다, 공급하다 Belgium has the highest number of female **ministers** in the world.
□□ administer	ⓥ 1 집행하다, 실시하다 2 다스리다, 관리하다 3 기여하다, 공헌하다 It is **administered** by Ullung Island, North Kyongsang province.
□□ administration	ⓝ 경영

389. modest / moderate / modesty / moderation

□□ modest	ⓐ 1 겸손한, 삼가는 2 적당한 3 아담한; 수수한 The distinguished doctor was amazingly **modest** about his achievement.
□□ moderate	ⓐ 1 알맞은, 온건한, 온화한, 적당한, 중용의 ⓥ 절제하다, 완화하다 He usually drives at a **moderate** speed.
□□ modesty	ⓝ 1 겸손, 조심성 2 소박함, 간소, 온건 They symbolize **modesty**, privacy, and morality.
□□ moderation	ⓝ 알맞음; 온건, 완화; 절제; 중용, 적당 So, work out in **moderation** to stay healthy!

390. momentary / momentous / momentum

□□ momentary	ⓐ 1 순간의, 찰나의, 덧없는(=transitory) 2 일시적인(=temporary) Pay attention to **momentary** pleasures and wonders.
□□ momentous	ⓐ 중요한, 중대한; 비상한 The battle was **momentous** for the future of the country.
□□ momentum	ⓝ 운동량, 힘, 기세, 타성 However, mistakes built up and the duo lost **momentum** in the third round.

391. moral / morale / mortal / immortal

□□ moral	ⓐ 1 도덕의, 도덕적인, 교훈적인 2 정신적인 The best place to teach public **morals** is at home.
□□ morale	ⓝ 사기, 의욕 The **morale** of the team was high.
□□ mortal	ⓐ 죽을 운명의, 치명적인; 죽음의; 인간의 All humans are **mortal**, but killing themselves is against nature.
□□ immortal	ⓐ 불멸의, 불사의, 불후의; 영구적인 She wants to become **immortal** like Edward.

392. morality / mortality

□□ morality
ⓝ 도덕(성); 교훈
Morality is by definition the law of what we, as people, should do.

□□ mortality
ⓝ 1 사망, 죽을 운명 2 사망률(mortality rate); 사망자 수
Afghanistan has nearly the highest maternal and infant **mortality** rates in the world.

393. motif / motive / motivation / motivate

□□ motif
ⓝ 1 (미술, 음악) 주제, 테마, 동기 2 문양
So why do Korean dramas repeat the same **motif**?

□□ motive
ⓝ 1 동기, 의도, 목적 2 주제, 모티프 ⓐ 원동력이 되는 ⓥ 자극하다
What was his **motive** for setting the house on fire?

□□ motivation
ⓝ 동기부여, 욕구, 자극
Workers must have a **motivation** to raise productivity.

□□ motivate
ⓥ 1 동기를 주다 2 자극하다
I don't know what **motivated** me to come here.

394. mount / mound

□□ mount
ⓥ 1 오르다, 상승하다; (말에) 타다 2 설치하다, 탑재하다 3 세우다, 배치하다
ⓝ 1 오르기, 타기 2 산, 언덕
He **mounted** the papal chair.

□□ mound
ⓝ 흙더미, 작은 언덕, 고분 ⓥ 둔덕을 쌓다, 쌓아 올리다
Ants may build their **mounds** higher.

395. mutter / mumble / murmer

□□ mutter
ⓥ 1 중얼거리다, 투덜거리다, 불평하다 2 속삭이다
He **muttered** something to himself.

□□ mumble
ⓥ 중얼거리다
Stop **mumbling** and speak up!

□□ murmur
ⓥ 1 중얼거리다, 투덜대다 2 졸졸거리다 3 속삭이다 ⓝ 속삭임, 투덜거림
The populace **murmured** at(against) the heavy taxes.

N

396. nation / nationality / nationalism

□□ **nation** ⓝ 국가, 나라; 국민, 민족
The whole **nation** opposed the nuclear tests.

□□ **nationality** ⓝ 국적; 국가, 국민, 민족
He has dual **nationality**.

□□ **nationalism** ⓝ 민족주의, 국수주의, 애국심, 국가주의
Nationalism is what glues different people together in one country.

397. necessary / needy

□□ **necessary** ⓐ 1 필요한, 필수의; 불가피한 2 필연적인, 당연한 ⓝ 필수품
Clean air is **necessary** to good health.
Some people think that this is a **necessary** step to reach their long-term goals.

□□ **needy** ⓐ 가난한, 빈곤한, 빈궁한(=destitute)
There also are many different ways to give charity to the **needy**.

398. negligent / negligible

□□ **negligent** ⓐ 1 태만한, 부주의한, 무관심한 2 꾸밈없는, 자연스러운
He is **negligent** of his duties.

□□ **negligible** ⓐ 무시해도 좋은, 하찮은, 시시한
The importance of small businesses, such as neighborhood shops, is never **negligible**.

399. neutral / neural / neuron

□□ **neutral**
ⓐ ¹ 중립의, 공평무사한, 불편부당의, 편애하지 않는(=impartial) ² 모호한; 중성인
Because I was **neutral** in the conflict I was a welcome visitor.

□□ **neural**
ⓐ 신경의, 신경중추의
Scientists discovered a special **neural** circuit in the left brain.

□□ **neuron**
ⓝ 신경단위, 뉴런
It is where **neuron** cells send information at higher-than-normal speeds.

400. noble / nobility / novel / novelty

□□ **noble**
ⓐ ¹ 고귀한, 숭고한 ² 유명한, 훌륭한 ⓝ 귀족
She looked very elegant and **noble**.

□□ **nobility**
ⓝ ¹ 고귀함 ² 귀족
The Assembly also abolished the **nobility** the following year.

□□ **novel**
ⓝ 소설 ⓐ 새로운, 신기한, 기발한, 이상한(=unusual)
The **novel** was about the collapse of the aristocratic class.

□□ **novelty**
ⓝ ¹ 신기함, 새로움 ² 혁신(=innovation)
The **novelty** of that computer game soon wears off.

401. norm / normal / abnormal

□□ **norm**
ⓝ 규범, 기준, 표준, 전형
A new social **norm** may soon settle in for Americans.

□□ **normal**
ⓐ ¹ 표준의, 보통의, 통상적인, 정상적인, 일반적인 ⓝ 표준, 기준, 전형
The rainfall is above(below) **normal** this year.

□□ **abnormal**
ⓐ 비정상적인, 이상한, 변질적인
In West African folklore, hyena stands as a symbol of **abnormal** activities and bad habits.

402. note / notice / notify / notion / notification

□□ **note**
ⓝ 1 메모, 기록 2 주석, 주해 3 편지; 지폐 ⓥ 주목하다, 메모하다; 유의하다, 언급하다
He continuously **noted** his thoughts in notebooks from the age of 14.

□□ **notice**
ⓝ 주의, 주목, 통지, 통보 주의, 주목 게시 ⓥ 주목하다, 알아차리다
The lawyer **noticed** us that we had to appear in court.

□□ **notify**
ⓥ 통지[통보]하다, 알리다, 신고하다
Our boss **notified** us that there would be a meeting at 5 p.m.

□□ **notion**
ⓝ 개념, 관념, 생각; 이해, 인식; 의향, 의사
He has a funny **notion** that this planet will be invaded.

□□ **notions**
ⓝ 방물(方物)

□□ **notification**
ⓝ 통보, 알림, 통지; 통지서, 공고문
There had been the usual **notification** through the head of Military intelligence.

O

403. object / subject / objective / objection / subjective

☐☐ **object** ⓝ [1] 물건, 물체, 사물 [2] 목적, 목표, 대상 ⓥ 반대하다 (~to), 싫어하다
They rushed to the scene with the **object** of rescuing the flood victims.

☐☐ **subject** ⓝ [1] 과목, 학과, 교과 [2] 주어; 주제; 실험 대상자 [3] 동기, 원인, 대상 [4] 국민, 신민
ⓐ [1] ~에 걸리기 쉬운, ~을 받기 쉬운 [2] ~에 종속되는, 지배하는
The research on this social **subject** is of course inconclusive.

☐☐ **objective** ⓝ 목적, 목표; 목적어 ⓐ 객관적인, 편견 없는
My **objectives** are always on a team level.

☐☐ **objection** ⓝ [1] 반대, 이의, 거부 [2] 난점, 결점, 반대하는 근거
One of my **objections** to the project is that it involves too much expense.

☐☐ **subjective** ⓝ 주어 ⓐ [1] 주관의, 주관적인 [2] 개인의, 독자적인 [3] 본질적인
The concept of what constitutes a better reading experience is highly **subjective** here.

404. observe / observance / observation / observatory / observant

☐☐ **observe** ⓥ [1] ~을 보다, 알아채다, 지켜보다 [2] 관찰하다; (관찰에 따라) 진술하다
[3] 지키다, 준수하다; 유지하다
From now on, **observe** your hands and fingernails more often.

☐☐ **observance** ⓝ [1] 준수(=obedience) [2] 식전, 의식 [3] 관례, 관습
He also stressed the need for the strict **observance** of international humanitarian law.

☐☐ **observation** ⓝ [1] 관측, 관찰, 감시 [2] 주목, 주의, 주시, 인지 [3] 진술; 의견, 비평
Do you think the alleged **observation** is true?

☐☐ **observatory** ⓝ (천문, 기상) 관측소, 기상대, 천문대
The building has an **observatory**, a place to look out, on its 94th floor.

☐☐ **observant** ⓐ [1] 관찰력이 예리한, 빈틈없는 [2] 준수하는, 엄수하는
If you are **observant**, you can see shooting stars.

405. occupy / occupation / occupant

☐☐ **occupy** ⓥ 점령하다; 차지하다(=take up)
Costly Apiece of furniture **occupies** one corner.

☐☐ **occupation** ⓝ 1 직업, 업무, 일 2 점유, 점령
It was his afternoon **occupation** to go to the park.

☐☐ **occupant** ⓝ 점유자, 거주자, 점거자, 임차인
At present its sole **occupants** are rats.

406. older / elder

☐☐ **older** ⓐ (old의 비교급) 1 나이 먹은, 늙은; 노년의, 노후의; 낡은, 오래된 2 이전의, 원래의
ⓝ 옛날, 이전
I felt sorry as my father looked **older** than his elder brother.

☐☐ **elder** ⓐ (old의 비교급) 1 (한정적) 손위의, 연장의; 고참의, 선배의 2 옛날의, 초기의
ⓝ 1 연장자, 선배, 손윗사람 2 선조, 조상
*** elder는 형제자매 관계에 쓴다.**
His **elder** sister is a fashion designer.

407. outscore / underscore

☐☐ **outscore** ⓥ ~보다 많이 득점하다
The team has **outscored** its last three opponents 95-17 in bowl games.

☐☐ **underscore** ⓥ 밑줄을 긋다(=underline), 강조하다, 역설하다
The deal also **underscores** the status of the U.S.-Russia relationship.

408. overview / preview / review

□□ **overview**

ⓝ **개관, 개략**

The magazine provides **overviews** of the current Korean economy.

□□ **preview**

ⓝ **시사, 시연, 미리보기**

About 8 percent said they didn’t **preview** materials at all.

□□ **review**

ⓝ **1 복습, 검토; 재조사 2 평론, 논평**

ⓥ **1 다시 보다, 복습하다; 회고하다 2 비평하다, 논평하다**

We must **review** our economic situation.

P

409. package / packet

□□ **package**
ⓝ 1 포장, 소포, 꾸러미, 짐 2 일괄, 하나로 묶음
A man entered the building carrying a large **package**.

□□ **packet**
ⓝ 다발, 꾸러미, 소화물
He smokes five **packets** of cigarettes every day.

410. particular / peculiar / peculiarity

□□ **particular**
ⓐ 1 특정한, 특별한, 특수한, 특이한 2 까다로운, 세심한 3 뛰어난, 현저한
One **particular** consequence we are not aware of is war.

□□ **peculiar**
ⓐ 1 독특한, 특유의 2 고유의, 독자적인 3 별난, 특이한, 유별난
It's **peculiar** that they would refuse to cooperate.

□□ **peculiarity**
ⓝ 1 특이함, 기발함, 특수성(=distinctiveness) 2 특성, 특질, 특색
Everyone has his **peculiarities**.

411. pass / passage / passenger

□□ **pass**
ⓥ 1 지나다, 통과하다; 승인하다; 건너다, 넘다 2 변화하다 3 합격하다; 능가하다
The energy bill has not yet **passed** Congress.

□□ **passage**
ⓝ 1 구절, 한 절, 한 단락 2 경과, 추이(=transition); 진전 3 길, 통행, 통로, 복도
ⓥ 가로지르다, 통과하다; 나아가다
A graduation ceremony has become a rite of **passage** in America.

□□ **passenger**
ⓝ 승객, 탑승객, 여객, 통행인
It is obvious that nearly all **passengers** suffered a very unpleasant flight.

412. pat / pet / pit

□□ **pat** ⓥ 두드리다, 치다, 토닥거리다, 쓰다듬다 ⓝ 가볍게 두드리기
She puts him over her shoulder and is **patting** his back to burp him.

□□ **pet** ⓝ 애완동물 ⓥ 귀여워하다, 쓰다듬다
Pet owners must love their **pets** very much and take good care of them.

□□ **pit** ⓝ 구덩이, 함정, 구멍 ⓥ 구멍을 뚫다; ~을 함정에 빠뜨리다, 싸우게 하다
The political parties are **pitted** against each other over tax cuts.

413. peep / pick / peak / peck

□□ **peep** ⓥ 1 엿보다, 슬쩍 들여다보다 2 나오기 시작하다, 본성이 드러나다
The moon was **peeping** out through the clouds.

□□ **pick** ⓥ 1 고르다, 선택하다, 선발하다, 뽑다, 집다 2 따다, 꺾다, 수확하다
She was **picked** for the Olympic team.

□□ **peak** ⓝ 1 산꼭대기, 봉우리 2 절정, 정점, 극치; 전성기; 끝
The singer is now at the **peak** of his popularity.

□□ **peck** ⓥ (부리로) 쪼다, ~을 새기다 ⓝ 쪼기, 쪼아 먹기
To pass the test, the pigeons had to **peck** the screen with their beaks in correct order.

414. personal / personnel

□□ **personal** ⓐ 개인의, 개인적인, 사적인(=private), 인간적인; 사사로운
This is purely **personal** to myself.

□□ **personnel** ⓝ 인원, 직원; 인사과
Should American schools have armed **personnel** on school grounds?

415. persevere / preserve / pervade / perverse / perseverance / preservation / pervasive / perversion

□□ **persevere**
ⓥ 인내하다, 이겨내다, 노력하다, 떠받치다, 유지하다
We learn how to **persevere**.

□□ **preserve**
ⓥ 보전하다, 보존[보호]하다, 지키다, 유지하다
Such efforts should be used to **preserve** the natural habitat.

□□ **pervade**
ⓥ 널리 퍼지다, 만연하다, 전체에 보급되다, 충만하다
A curious happiness **pervaded** his entire being.

□□ **perverse**
ⓐ 1 기대에 어긋나는 2 사악한, 부당한, 잘못된 3 외고집의
He did something to me that was so **perverse**.

□□ **perseverance**
ⓝ 인내, 끈기
It's a testament to **perseverance** and hard work.

□□ **preservation**
ⓝ 보존, 보호
This is about **preservation** of a way of life.

□□ **pervasive**
ⓐ 퍼지는, 보급하는, 스며드는, 만연하는(=prevalent); 유리한
Religion, it is the most profound and **pervasive** of institutions.

□□ **perversion**
ⓝ 1 곡해, 왜곡 2 남용, 오용, 타락 3 악화, 저하(=debasement)
a **perversion** of the facts

416. pertain / protein

□□ **pertain**
ⓥ 1 ~와 관계가 있다, ~에 부속되어 있다, 부속하다, 속하다, 따라다니다 2 적절하다
This need to see culture from an international perspective not only **pertains** to China.

□□ **protein**
ⓝ 단백질
Almonds are wonderful sources of vitamin E, **protein**, and fiber.

417. perspective / prospective

□□ **perspective**
ⓝ 1 시각, 관점, 견해 2 전망 투시도, 원근법 3 전망, 가망
I would like to look at things from the teachers' **perspective**.

□□ **prospective**
ⓐ 1 장래의; 예비의 2 장래성 있는, 기대되는; 잠재적인
The reduction is a challenge for **prospective** students and the academic world.

418. phase / pace / phrase / praise

□□ **phase**
ⓝ 단계, 국면, 양상, 상태 ⓥ 조정하다, 실행하다
This is only one **phase** of the issue.

□□ **pace**
ⓝ 보폭, 걸음걸이; 속도, 보조 ⓥ 보조를 맞추어 걷다
I have regrets for my **pace** dropped slightly at the end.

□□ **phrase**
ⓝ 구; 어구, 말; 말씨, 어법; 어구, 관용구 ⓥ 표현하다
We can find a nearly identical **phrase** from another Chinese classic, The Great Learning.

□□ **clause**
ⓝ 절

□□ **praise**
ⓝ 칭찬, 찬양 ⓥ 칭찬하다, 찬양하다; 높이 평가하다
The critics gave much **praise** to the theater actor.

419. pose / poise / pause

□□ **pose**
ⓥ 1 자세를 취하다; 배치하다 2 유발하다, 가하다, 야기하다 3 제기하다
ⓝ 자세, 태도, 마음가짐
They even **posed** with hip hop hand signs for the camera.

□□ **poise**
ⓝ 평형 (상태), 침착, 냉정, 자세, 태도 ⓥ 자세를 취하다, 균형을 유지하다
He **poised** the glass on the edge of the shelf.

□□ **pause**
ⓝ 1 휴지기, 중지, 중단(=suspense) 2 망설임, 지체(=hesitation)
ⓥ 잠시 중지하다, 멈추어 서다, 망설이다
I interjected a comment at a **pause** in his speech.

420. plague / plaque

□□ **plague**
ⓝ 전염병; 재앙, 재난; 불행 ⓥ 괴롭히다, 성가시게하다
She's been **plagued** by back pain all her life.

□□ **plaque**
ⓝ 1 기념 명판, 장식판 2 (치과) 플라크; 혈소판
We would like to present this **plaque** to Miss Roberts.

421. politic / political

☐☐ **politic** ⓐ [1] 분별 있는, 현명한, 사리 분별할 줄 아는 [2] 편의적인, 시기적절한 [3] 교활한
It is neither polite nor **politic** to get into other people's quarrels.

☐☐ **political** ⓐ [1] 정치의, 정치학의, 정치적인 [2] 정당의, 정계의 [3] 시민의
Surely the President must have his fair share of reasons, **political** and non-**political**

422. popular / populous

☐☐ **popular** ⓐ 인기 있는, 유명한, 대중적인; 통속적인; 대중의, 국민의
The cartoon character has been very **popular** among children.

☐☐ **populous** ⓐ [1] 인구가 많은 [2] 밀집한, 붐비는, 번화한
In fact, it is the ninth most **populous** country in the world.

423. popularity / population

☐☐ **popularity** ⓝ [1] 명성, 인기, 인지도, 평판 [2] 대중성, 통속성; 유행
His ice cream waffle cups gained huge **popularity** in New York City.

☐☐ **population** ⓝ 인구, 주민, 개체수; 사람들
The town has a large **population**.

424. practicable / practical

☐☐ **practicable** ⓐ [1] 실행 가능한, 실시할 수 있는 [2] 실용적인
The plan has been modified to be more **practicable**.

☐☐ **practical** ⓐ [1] 실제적인, 실용적인; 현실적인 [2] 유용한
Your idea sounds interesting but it's not **practical**.

425. pray / prayer / prey / predator

□□ **pray**
ⓥ 기도하다, 빌다, 기원하다; 간청하다
I **prayed** to be given the ability to finish the project.

□□ **prayer**
ⓝ 기도하는 사람; 기도, 예배; 기도문
The effectiveness of **prayer** is a touchy subject in scientific communities.

□□ **prey**
ⓝ 먹이, 희생(자); 포획, 사냥 ⓥ 포식하다; 괴롭히다; 약탈하다
They can spot **prey** even in dark or murky water!

□□ **predator**
ⓝ 포식자, 약탈자 ; 맹수, 천적 ; 범죄자

426. precise / concise

□□ **precise**
ⓐ 1 정확한, 정밀한 2 꼼꼼한, 엄격한
Precise descriptions are provided in the website.

□□ **precision**
ⓝ 정밀, 정확, 적확; 정확성 ⓐ 정확한, 정밀한
Utmost **precision** in handling the machine is required for the job.

□□ **concise**
ⓐ 간결한, 간명한, 명료한; 압축된
A broad range of topics are given brief and **concise** entries.

□□ **concision**
ⓝ 간결, 간명, 절단
In other words it would add nothing in terms of clarity or **concision**.

427. preference / prefer / posterity / posterior

□□ **preference**
ⓝ 1 선호, 애호, 좋아하기 2 우선(권), 특혜
Economists and observers say the President definitely has a **preference**.

□□ **prefer**
ⓥ 1 선호하다, 좋아하다 2 우선권을 주다
Which do you **prefer** to buy, new or used products?

□□ **posterity**
ⓝ 후손, 후세
People will not look forward to **posterity** who never look backward to their ancestors.

□□ **posterior**
ⓐ 뒤의, 후부의, 후면의 ⓝ 엉덩이, 둔부
posterior to World War II

428. prescribe / prescript / prescription

□□ **prescribe**
ⓥ 처방하다; 규정하다
Do not **prescribe** (to me) what I should do.

□□ **prescript**
ⓝ 규정, 규칙, 명령 ⓐ 규정된, 지정된

□□ **prescription**
ⓝ 1 처방, 처방전 2 규정, 지시
Take the **prescription** once after each meal and before going to bed.

429. present / represent

□□ **present**
ⓐ 1 현재의, 존재하는 2 출석해 있는, 참석한 3 당면한 ⓝ 현재, 지금
ⓥ 1 보여주다 2 기증하다, 선물하다 3 제출하다, 제시하다 ⓝ 선물
The **present** American education system relies on local governments' tax revenue.

□□ **represent**
ⓥ 1 ~을 대표하다, 상징하다 2 말로 표현하다, 묘사[기술]하다 3 단언[주장]하다
Evolution is a process which can be **represented** by a two-dimensional genealogical tree.

430. presentation / representation / representative

□□ **presentation**
ⓝ 1 증정, 기증; 수여식 2 발표, 제출, 표현; 설명 3 공개, 상연
The legendary CEO is also known for his amazing **presentation** skills.

□□ **representation**
ⓝ 1 표현, 표시, 묘사, 서술 2 설명, 진술, 주장, 단언 3 연출 4 대표
I made **representations** to the manager about the bad service.

□□ **representative**
ⓝ 대표(자), 대의원; 후계자, 상속인 ⓐ 대표적인; 묘사하는; 상응하는
The exhibition is **representative** of modern French art.

431. price / prize

□□ **price**
ⓝ 가격, 값; 물가, 시세 ⓥ 가격을 매기다
This has resulted in a rise in fast food **prices**.

□□ **prize**
ⓝ 상(=award), 상금, 포상 ⓐ 입상한 ⓥ 소중히 여기다, ~을 평가하다
The amount of money available for each **prize** varies from year to year.

432. priceless / penniless

☐☐ **priceless** ⓐ 귀중한, 아주 값비싼(=invaluable), 값을 매길 수 없는
Let's find faithful friends since they are **priceless** treasures in our lives!

☐☐ **penniless** ⓐ 무일푼의, 빈털터리의
In 1864 he emigrated from Hungary to the United States practically **penniless**.

433. principal / principle

☐☐ **principal** ⓐ 주요한, 주된, 중요한 ⓝ 교장
Two high-school **principals** in Seoul were arrested on charges of taking bribes.

☐☐ **principle** ⓝ 1 원리, 원칙 2 주의, 행동 지침
There is a **principle** which took centuries to build.

434. probe / prove / proof

☐☐ **probe** ⓥ 살피다, 조사(하다) ⓝ 탐침(기), 조사
The nation must wait until prosecutors complete their **probe** into the case.

☐☐ **prove** ⓥ 1 입증하다[되다], 증명하다, 판명되다 2 시험하다, 분석하다
The evidence **proved** him (to be) innocent.

☐☐ **proof** ⓝ 입증, 증거, 증명 ⓐ 견디는, 지지 않는 ⓥ 검사하다, 시험하다
This building is **proof** against damage from fire.

435. proceed / precede

☐☐ **proceed** ⓥ 1 나아가다, 진행하다, 계속하다, 추진하다 2 비롯되다, 생기다, 일어나다
The suit is **proceeding** rapidly.

☐☐ **precede** ⓥ 1 앞서다, 선행하다 2 우선하다
The solution of this problem **precedes** all other things.

436. process / procession

☐☐ **process**
ⓝ 과정, 경과, 절차, 공정, 진행 ⓥ 가공[처리]하다, 진행하다
The inflammatory **process** we see as sunburn, is a natural healing process.

☐☐ **procession**
ⓝ 행렬(=parade), 줄, 행진
More than two million people joined his funeral **procession** in Paris.

437. produce / production / productivity

☐☐ **produce**
ⓥ 생산하다; 끄집어내다; 농산물

☐☐ **production**
ⓝ 생산, 제품, 제작
It is also lower in cost and has a higher **production** efficiency.

☐☐ **productivity**
ⓝ 1 생산성, 생산 능력 2 다산, 풍요, 비옥, 다작
Korean workers' work **productivity** is at 66% of the average.

438. pronouncement / pronunciation

☐☐ **pronouncement**
ⓝ 선언, 발표(=statement), 공고; 견해
We can only speculate about the motivation for these **pronouncements**.

☐☐ **pronunciation**
ⓝ 발음
While sounding out the words, you connect their spelling and **pronunciation**.

R

439. ramble / rumble / rubble / pebble

☐☐ **ramble** ⓥ 산책하다, 거닐다, 소요하다 ⓝ 산책, 소요
He **rambled** the night spots of Manhattan.

☐☐ **rumble** ⓥ 1 (수레) 덜커덩거리다, 우르르 소리 내다 2 발견하다, 간파하다
ⓝ 요란한 소리, 굉음
The heavy cart **rumbled** down the rough street.

☐☐ **rubble** ⓝ 잡석(雜石), 거친 돌; 파편; 잔해
The elephant has been photographed dragging vehicles and other heavy debris from the mountain of **rubble**.

☐☐ **pebble** ⓝ 조약돌, 자갈
The beach had more **pebbles** than sand.

440. readable / legible

☐☐ **readable** ⓐ 읽기 재미난, 읽을 수 있는, 읽기 쉬운
This screen will also be **readable** only in the light.

☐☐ **legible** ⓐ 읽을 수 있는, 읽기 쉬운
Your writing should be **legible** when you complete a government form.

441. real / realistic

☐☐ **real** ⓐ 1 참된, 정말의, 진짜의, 진정한 2 실질적인; 실존하는, 현실적인 3 현실의, 실재하는
The characters in the novel seem quite **real**.

☐☐ **realistic** ⓐ 현실적인, 실제적인, 사실적인, 진짜 같은; 박진감 있는
However, in order to achieve your goals, you have to choose **realistic** ones.

442. recess / recession / recessive / recessional

□□	recess	ⓝ ¹ 휴식, 휴회, 휴가 ² 깊숙한 곳, 쑥 들어간 곳 ⓥ 휴회[중단]하다 The six-party talks hosted by Beijing have been in **recess** since last month.
□□	recession	ⓝ 경기 후퇴, 후퇴, 불경기, 불황; 위기 During the last **recession**, the price of most stocks plummeted.
□□	recessive	ⓐ ¹ 열성의, 잠재성의 ² 후퇴하는 **Recessive** characteristics such as blue eyes or red hair can reappear after being hidden for a generation.
□□	recessional	ⓐ ¹ 퇴장의, 휴회의 ⓝ 그 곡 He also served as the **recessional** in the 2004 funeral of President Ronald Reagan.

443. receive / recipient / receipt / reception / recipe / remedy

□□	receive	ⓥ ¹ 받다, 수상하다, 수령하다, 얻다, 접수하다 ² 믿다, 용인하다 His proposal was warmly **received**
□□	recipient	ⓝ 수령인, 수취인, 수납자 ⓐ 수용하는 Schlink was honored as the fourth **recipient** of this award.
□□	receipt	ⓝ 영수증, 증서, 수령, 인수 ⓥ 영수증을 발행하다 With your **receipt**, we will be happy to give you a refund.
□□	reception	ⓝ ¹ 환영, 응접, 수령; 환영회 It plans to build a new **reception** center further away from the site.
□□	recipe	ⓝ ¹ 조리법, 요리법; ² 비법, 수단, 방법, 비결 ³ 처방(전) You can even come up with your own sandwich **recipes**!
□□	remedy	ⓝ 치료(법), 구제(책) ⓥ ¹ 치료하다, 고치다, 없애다 ² 교정하다, 구제하다 Knowledge is the best **remedy** for superstition.

444. reckon / reckoning / reckless

□□ **reckon**
ⓥ 세다, 계산하다; 간주하다, 생각하다
He **reckoned** the meeting as crucial to his success.

□□ **reckoning**
ⓝ 계산, 결산, 셈
Even **reckoning** makes lasting (long) friends. (속담)

□□ **reckless**
ⓐ 무모한, 무분별한, 부주의한; ~에 신경을 쓰지 않는, 개의치 않는
She is **reckless** of her parents' wishes.

445. reflective / reflexive

□□ **reflective**
ⓐ 1 반사하는, 반영하는, 투영된 2 심사숙고하는
All of firefighters' clothing has **reflective** striping.

□□ **reflexive**
ⓐ 1 반사의, 재귀의, 반응하는 2 내성적인
A **reflexive** space is separable if and only if its dual is separable.

446. refute / repute / refutation / reputation

□□ **refute**
ⓥ 반박하다, 논박하다
The rumors can be **refuted** by doing simple Web searches.

□□ **repute**
ⓝ 평판; 명성, 신망 ⓥ 평판(하다), ~라 여기다, 간주하다
She won world-wide **repute** as a singer.

□□ **refutation**
ⓝ 반박, 논박, 반론
The error is too obvious to require a particular **refutation**.

□□ **reputation**
ⓝ 평판, 명성, 신망; 소문, 풍문
She has a **reputation** for being late.

447. regretful / regrettable

☐☐ **regretful** ⓐ 유감으로 생각하는, 후회하는, 애석해하는
In conclusion, Internet censorship is a necessity, even if it is **regretful**.

☐☐ **regrettable** ⓐ 유감스러운, 애석한, 슬픈, 가엾은
It is **regrettable** that "Hopenhagen" turned into a failure to replace the Kyoto Protocol.

448. rein(s) / reign

☐☐ **rein(s)** ⓝ 고삐; 구속력, 통제력 ⓥ 제어하다, 억제하다, 통제하다
President needs to **rein** in fiscal profligacy.

☐☐ **reign** ⓝ 통치 (기간), 지배(력), 통치권
ⓥ 1 군림하다, 지배[통치]하다, 집권하다 2 우세하다, 만연하다, 널리 퍼지다(=prevail)
The winter's **reign** was nearing its end.

449. relapse / collapse / lapse

☐☐ **relapse** ⓥ 되돌아가다, 퇴보하다; 재발하다 ⓝ 재발, 타락
Blind optimism is also a cause of **relapses** and fatal injuries.

☐☐ **collapse** ⓥ 붕괴(하다), 무너지다, 망하다, 파괴하다
His company **collapsed** when the price of oil rose sharply.

☐☐ **lapse** ⓝ 쇠퇴, 전락; 잘못, 과실, 착오, 타락; 경과, 흐름 ⓥ (시간이) 경과하다, 하락하다
Lapses in security have been found in the government and society.

450. relation / relative

☐☐ **relation** ⓝ 관계, 관련(=connection), 연관, 친척
That argument has no **relation** to the problem.

☐☐ **relative** ⓝ 친척, 인척(=kinsman) ⓐ 1 비교상의, 상대적인 2 관련이 있는 3 비례한, 상관의
He took many classes which were not **relative** to his major.

451. remember / remind / remain

□□ **remember** ⓥ 기억하다, 생각하다, 상기하다
I just **remembered** that there is a history test today.

□□ **remind** ⓥ 생각나게 하다, 상기시키다; 되새기다
Don't forget to **remind** him that our meeting has been postponed.

□□ **remain** ⓥ 남아 있다, ~대로 이다, 머무르다; 체류하다, 잔존하다
The basic meaning of it **remains** the same.

452. reminder / remainder

□□ **reminder** ⓝ 1 생각나게 하는 것 2 유품, 추억 3 독촉장
The library sent me a **reminder** about the overdue books.

□□ **remainder** ⓝ 나머지, 유물, 유적; 재고본
I will pay the **remainder** when I get the product.

453. remote / remorse

□□ **remote** ⓐ 1 먼, 멀리 떨어진, 원격의, 외딴 2 관계가 없는, 동떨어진; 간접적인
It is controlled by a **remote** control.

□□ **remorse** ⓝ 후회, 뉘우침, 반성, 회환, 참회
He felt **remorse** after his statements.

454. repair / reparation

□□ **repair** ⓝ 수리, 수선; 회복 ⓥ 고치다, 수리하다; 회복하다, 보상하다
I'd like to **repair** our friendship if possible.

□□ **reparation** ⓝ 1 보상, 배상(금) 2 수리, 수선, 회복
To be precise, they are seeking **reparations** for head injuries.

455. repent / resent

□□ **repent** ⓥ **후회하다, 유감으로 여기다, 뉘우치다**
I've **repented** in my own way.

□□ **resent** ⓥ **분개하다, 원망하다; 싫어하다**
The students **resented** being treated as children.

456. resign / retire

□□ **resign** ⓥ **사임하다, 사직하다, 물러나다; 포기하다**
Apple's legendary CEO Steve Jobs **resigned** on August 24.

□□ **retire** ⓥ **은퇴하다, 퇴직하다, 물러나다, 철수하다, 은퇴하다**
Many people who are **retired** are suffering from financial problems.

457. respectable / respective / respectful

□□ **respectable** ⓐ **존경할 만한, 훌륭한, 상당한, 착실한, 고상한**
This is why it is important to vote for **respectable** politicians.

□□ **respective** ⓐ **1 각각의, 각자의 2 ~에 따라, 저마다의 3 존경스러운**
Active and retired South Korean athletes serve as instructors in their **respective** sports.

□□ **respectful** ⓐ **존경하는 (마음을 품은), 공손한, 정중한, 예의 바른**
The crowd stood at a **respectful** distance from the King.

458. resist / insist / persist / resistance / insistence, insistency / persistence

□□ **resist**
ⓥ 1 저항하다, 반대하다, 거스르다, 저지하다 2 견디다, 참다
In this situation it is our moral duty to **resist** such tyranny.

□□ **insist**
ⓥ 주장하다, 고집하다, 우기다, 요구하다, 강요하다
He **insisted** on the accuracy of the data.

□□ **persist**
ⓥ 1 고집하다, 주장하다, 지속하다, 계속 ~하다 2 난무하다
She **persists** in saying that her analysis is correct.

□□ **resistance**
ⓝ 저항, 반항, 반대, 내성, 저지
The wage cut met stiff **resistance** from the union.

□□ **insistence, insistency**
ⓝ 주장, 단언, 강조, 강요; 억지, 집요함
Japanese imperialism can be blamed for the **insistence** on Sea of Japan.

□□ **persistence**
ⓝ 고집, 지속, 인내, 불굴, 끈기, 지속성
Persistence is the road to accomplishment.

459. restrict / restrain

□□ **restrict**
ⓥ 1 제한하다, 한정하다 ; 금지하다, 제지하다
His opinion is **restricted** within narrow limits.

□□ **restrain**
ⓥ 1 제지하다, 금하다 ; 억제하다, 억누르다 ; 구속하다, 빼앗다
I could not **restrain** myself from laughing.

460. retrospect / prospect

□□ **retrospect**
ⓝ 1 가망, 회상, 회고, 추억
In **retrospect**, I think we spent most of the day standing in lines.

□□ **prospect**
ⓝ 1 전망, 예상, 가망, 가능성, 장래성 2 예상, 기대 3 조망, 전망
ⓥ 1 찾다, 조사하다, 답사하다 2 시굴하다
The other **prospect** also owning a respective resume is Kim In-sik.

461. revert / reverse

□□ **revert**

ⓥ 본래 상태 (습관, 신앙 따위)로 되돌아가다, 복귀하다, 회고하다
ⓥ (법률) 복귀[귀속]하다
After ending a long alienation due to a misunderstanding, they **reverted** to intimate friends.

□□ **reverse**

ⓥ (흐름을) 되돌리다, 거꾸로 하다, 파기하다, 바꾸다 ⓐ 반대의, 역의, 뒤의
The women-only system can be **reverse** discrimination against men.

□□ **reversion**

ⓝ 복귀, 역전, 반전, 전환
This does seem not to be the case in the recent **reversion** of selection.

462. revive / revival / survive / survival / revise

□□ **revive**

ⓥ 소생시키다, 되살아나다, 부활시키다
The torch relay tradition was **revived** in 1936 for the Berlin Olympics.

□□ **revival**

ⓝ 소생, 재생, 부활, 회복, 되살리기
Revival of cronyism won't advance financial industry.

□□ **survive**

ⓥ 1 살아남다, 생존하다, 잔존하다 2 극복하다, 견디다
These plants **survived** the terrible drought.

□□ **survival**

ⓝ 살아남음, 생존, 존속
The **survival** instinct has become softer as less effort is required to survive.

□□ **revise**

ⓥ 개정하다, 교정하다, 수정하다, 조정하다, 변경하다 ⓐ 새로운
(22번 참고)

463. review / revue

□□ **review**

ⓝ 비평, 평론, 논평, 복습, 재검토 ⓥ 재검토하다, 회고하다, 비평하다, 논평하다
That movie was **reviewed** in every major newspaper.

□□ **revue**

ⓝ 시사 풍자극
It's an all-male **revue**.

464. reward / award

□□ **reward**
ⓝ 보상, 보수, 보답; 대가, 상 ⓥ 보답하다, 보상하다, 포상하다
Video games often **reward** players for simulating violence.

□□ **award**
ⓝ 상 ⓥ [1] 수여하다, 보답하다 [2] 재정하다
The court **awarded** damages of $5,000 to the injured man.

465. ripen / rip / reap

□□ **ripen**
ⓥ 익다, 여물다, 원숙해지다; 발달하다
The faculty of thinking **ripens** with the body.

□□ **rip**
ⓥ [1] 쪼개다, 째다, 찢다; 벗겨내다; 훔치다 [2] 관통하다, 돌진하다
Every time I look in the mirror, I want to **rip** them off my face.

□□ **reap**
ⓥ (농작물을) 수확하다, 베어 들이다, 이익을 얻다; 획득하다, 거두다
Major companies also expect to **reap** high earnings for the first quarter.

□□ **reaper**
ⓝ 수확하는 사람, 수확기

466. ripple / ruffle / nipple / pimple

□□ **ripple**
ⓝ 잔물결, 파문, 영향 ⓥ 일다, 파문을 만들다, 물결치다
The ripe cornfields **rippled** in the wind.

□□ **ruffle**
ⓥ [1] 주름지다, 물결이 일게 하다 [2] (머리 따위) 헝클어지다 [3] 성나게하다, 어지럽히다
The wind **ruffled** the surface of the water.

□□ **nipple**
ⓝ 젖꼭지
At least you're not a third **nipple**. (최소한 넌 깍두기는 아니잖아.)

□□ **pimple**
ⓝ 뾰루지, 여드름(=acne[ǽkni])
acme : ⓝ 절정, 정점
I try not to squeeze or pick at my **pimples**.

467. rise / arise

□□ **rise** ⓥ 1 오르다, 떠오르다, 뜨다 2 증가하다, 상승하다, 늘다, 높아지다 3 일어나다, 기상하다
The curtain **rises** at 8:00 p.m. and falls at 10:00 p.m.

□□ **arise** ⓥ 1 일어나다, 발생하다, 생기다, 비롯되다 2 나타나다
A faint suspicion **arose** in his mind.

468. rugged / ragged

□□ **rugged** ⓐ 1 울퉁불퉁한 2 엄격한, 엄한; 거친, 매서운 3 튼튼한
She believes that Bin-Laden is hiding in the **rugged** mountain region of the Afghanistan-Pakistan border.

□□ **rug** ⓝ 깔개, 양탄자, 카펫, 융단
Rugs on the floor were made from 1,081 colorful meringues.

□□ **ragged** ⓐ 1 누더기의, 너덜너덜한, 덥수룩한 2 거친, 조잡한
The thrifty president ate a meal of plain food and wore **ragged** clothes.

□□ **rag** ⓝ 넝마, 누더기, 걸레 ⓥ 1 너덜너덜 해어지다 2 꾸짖다, 엄하게 말하다
He is sickly, dressed in **rags**, short on money, and talks to himself.

469. rule / regulation

□□ **rule** ⓝ 명령, 규칙, 법칙; 지배, 통치 ⓥ 지배하다, 통치하다, 이끌다, 명령하다
The country was under the colonial **rule** of Great Britain.

□□ **regulation** ⓝ 1 규정, 법규, 규제 2 조절, 통제 ⓐ 정규의; 표준의
This act will be punishable under the new **regulations**.

470. rural / rustic

□□ **rural** ⓐ 시골의, 전원의, 농업의, 지방의
Homes are self-sufficient and often located outside cities in **rural** areas.

□□ **rustic** ⓐ 1 소박한, 단순한 2 시골풍의, 촌스러운
The older wines taste more **rustic** than the younger wines.

471. rub / rob

☐☐ **rub**
ⓥ 문지르다; 마찰하다, 비비다 ⓝ 닦기, 마찰
She **rubbed** the back of her hand against her mouth.

☐☐ **rob**
ⓥ 빼앗다, 강탈하다, 훔치다
They **robbed** him of his farm.

472. rubber / rubbery / robbery / robe / wardrobe

☐☐ **rubber**
ⓝ 1 고무; 지우는 것 2 충돌, 장애
The country produces a lot of rice, corn, vegetables, and **rubber**.

☐☐ **rubbery**
ⓐ 고무 같은, 탄력 있는, 약한, 흔들거리는
The snake-like **rubbery** cylinder has both ends sealed.

☐☐ **robbery**
ⓝ 강도 사건, 약탈, 강탈
The bill covers 11 types of crimes, including murder and **robbery**.

☐☐ **robe**
ⓝ 의복, 옷, 가운; 로브(길고 낙낙한 옷) ⓥ 옷을 입히다
For men, it is a long white **robe** called ‘dishdasha’.

☐☐ **wardrobe**
ⓝ 옷장; 의상, 의류
A vivid floral shirt can bring your **wardrobe** into line with the season.

S

473. sauce / source / saucer / resource

☐☐ **sauce** ⓝ 소스; 자극을 주는 것; 뻔뻔함 ⓥ 소스를 치다; 소스로 맛을 내다
Hunger is the best **sauce**.

☐☐ **source** ⓝ [1] 원천, 근본, 근원; 출처, 자료 [2] 정보원, 공급자
Then again, such claims are ignored for the **sources** aren't dependable.

☐☐ **saucer** ⓝ 접시
The cat lapped up the milk which I poured in its **saucer**.

☐☐ **resource** ⓝ [1] 자원, 자산, 재산, 부 [2] 원천 [3] 수단, 방편
He spent all his **resources** on educating his children.

474. scarab / shrub / shrug / scrub

☐☐ **scarab** ⓝ 풍뎅이
The **scarab** was of prime significance in the funerary cult of ancient Egypt.

☐☐ **shrub** ⓝ 키 작은 나무, 관목(=bush)
It was built from a mash of earth and branches of a local **shrub**.

☐☐ **shrug** ⓥ 어깨를 으쓱거리다
She just **shrugged** it off and casually acknowledged that she forgot to shave.

☐☐ **scrub** ⓥ [1] 비벼 빨다, 북북 문지르다 [2] 씻다, 제거하다 [3] 취소하다, 중지하다
We had to **scrub** our plans for a party.

475. scrap / scrape / scratch

☐☐ **scrap** ⓥ 폐지하다, 철회하다, 백지화하다 ⓝ 파편, 조각, 단편
She had not one **scrap** of talent.

☐☐ **scrape** ⓥ 긁다, 문지르다, 닦다, 벗기다; 긁어모으다 ⓝ 생채기; 곤란, 궁지, 곤경
He **scraped** the wall with the bookcase.

☐☐ **scratch** ⓥ [1] 할퀴다, 긁다, 흠집 내다, 생채기를 내다 [2] 없애다, 삭제하다 ⓝ 긁기, 생채기
The dog kept **scratching** at the door to be let in.

476. scene / scenery

☐☐ **scene** ⓝ 장면, 현장, 무대
Did you know that beautiful **scenes** can also help you relax?

☐☐ **scenery** ⓝ 경치, 풍경; 무대, 배경
The **scenery** represents a city street.

477. script / postscript / manuscript

☐☐ **script** ⓝ 대본, 각본, 원고, 시나리오
He memorized everything in the **script** while listening to other people read it.

☐☐ **postscript** ⓝ 추신, 후기
Please add my compliments in **postscript**.

☐☐ **manuscript** ⓝ 원고, 수고; 필사본 ⓐ 손으로 쓴, 필사한
The original **manuscript** had been lost, but a copy was published.

478. scruple / scramble / scribble / stumble

☐☐ **scruple** ⓥ 망설이다 ⓝ 1 도덕관념, 윤리관, 양심의 가책 2 망설임, 거리낌, 주눅 3 미량
He has no **scruples** about cheating on his income taxes.

☐☐ **scramble** ⓥ 1 기어오르다 2 긁어모으다, 앞다투다, 서로 가지려 하다 3 달걀을 휘저어 익히다
One of the baseball players hit a ball into the stands and the crowd **scrambled** to catch it.

☐☐ **scribble** ⓥ 갈겨쓰다, 낙서하다 ⓝ 낙서, 서투른 문장
Would they give me academic journals so I could **scribble** in the margins?

☐☐ **stumble** ⓥ 1 비틀거리다, 넘어지다 2 더듬거리다; 실패하다 3 우연히 발견하다
She is **stumbling** because she drank too much beer.

479. second / secondary

□□ **second**

ⓐ [1] 둘째의, 두 번째의; 다음으로 [2] 다른, 하나 걸러의(=alternate) [3] 이류의, 차석의

I receive my paycheck every **second** week.

Second to Brazil, Colombia is the world's largest supplier of coffee.

□□ **secondary**

ⓐ [1] 2차적인, 부차적인(↔ primary), 제2의, 2급의 [2] 중등교육의 [3] 파생한

Else is **secondary**.

480. secret / secrete / secretion

□□ **secret**

ⓐ [1] 비밀의, 숨겨진, 기밀의 [2] 말없는, 과묵한, 은밀한 [3] 난해한 ⓝ 비밀; 비결

He is **secret** about his future plans.

□□ **secrete**

ⓥ [1] 숨기다, 비밀로 하다 [2] 횡령하다 [3] 분비하다

Our skin **secretes** more sweat in the summer.

□□ **secretion**

ⓝ [1] 분비, 분비물 [2] 은닉

Growth hormone **secretion** occurs during sound sleep.

481. security / securities

□□ **security**

ⓝ 안전, 담보, 안보, 안심, 안도; 보장, 보증

Security is the greatest enemy.

□□ **securities**

ⓝ 유가증권(=stocks and bonds)

482. sequent / consequent / subsequent

□□ **sequent**

ⓐ [1] 다음의, 연속적인, 잇따라 일어나는 [2] 필연적인, 당연한 ⓝ 당연한 귀추, 결과

Most proof systems provide ways to deduce one **sequent** from another.

□□ **consequent**

ⓐ [1] ~의 결과로 일어나는, 결과적인 [2] 당연한, 필연적인 ⓝ 당연한 결과

Severe flooding was **consequent** on the heavy rain.

□□ **subsequent**

ⓐ [1] 뒤의, 차후의, ~에 뒤이어 일어나는 [2] 다음의, 뒤이은

The American Dream has given hope to many more **subsequent** immigrants from all over the world.

483. sensible / sensitive / sensual / sensory / sensational / sensuous

□□ **sensible** ⓐ 1 합리적인(=rational), 분별력 있는, 현명한 2 양식 있는 3 실용적인, 알맞은
a **sensible** man : 이해가 빠른 사람
It was **sensible** of him to reject the manuscript.

□□ **sensitive** ⓐ 1 감각이 있는, 민감한, 예민한, 감수성이 뛰어난 2 신경질적인, 상처받기 쉬운
a **sensitive** skin : 민감한 피부
She is very **sensitive** to his feelings.

□□ **sensual** ⓐ 1 관능적인, 육감적인, 음란한, 방탕한 2 세속적인
sensual pleasures : 관능적 쾌락
Music is the mediator between the spiritual and **sensual** life.

□□ **sensory** ⓐ 감각기관의, 감각중추의; 지각의
a **sensory** nerve : 지각 신경
It stimulates **sensory** nerves so that your body becomes more active.

□□ **sensational** ⓐ 1 선풍적인 인기의, 선정적인 2 대단한, 놀라운, 두드러진
This **sensational** tool will definitely make a great contribution to the medical world!

□□ **sensuous** ⓐ 1 감각의, 감각적인, 미감에 호소하는 2 관능적인 3 민감한
sensuous description : 감각적인 표현
He gained a reputation for his **sensuous**, at times garish, portraits.

484. sequence / consequence / subsequence

□□ **sequence** ⓝ 1 순서, 서열, 배열; 연속(물) 2 결과, 귀결
An economic collapse is always preceded by a **sequence** of warning signals.

□□ **consequence** ⓝ 1 결과, 결말 2 영향력 3 중요성
His behavior will have bad **consequences**.

□□ **consequently** ⓐⓓ 결과적으로, 그 결과로서, 따라서(=therefore)
Consequently, the kilt came to symbolize Scottish honor and pride.

□□ **subsequence** ⓝ 연속, 뒤따라 일어나는 사건, 추세, 결과
The database is searchable by keyword and by **subsequence**.

□□ **subsequently** ⓐⓓ 그 후에, 이어서
This exhibition will be put on **subsequently** in Chicago.

485. serial / series

☐☐ **serial** ⓝ 연속 프로, 연재물, 일련의; 정기간행물 ⓐ 연속물의, 정기간행의, 일련의, 순차적인
It is a **serial** novel, which he updates every weekday.

☐☐ **series** ⓝ 시리즈, 연속, 연작, 일련(=sequence)
A **series** of accidents ruined his health.

486. serve / servant / servitude / service

☐☐ **serve** ⓥ 1 섬기다, 봉사하다, 근무하다, 복무하다 2 도움이 되다, 시중들다 3 알맞다, 편리하다
He **served** under Washington in the Revolutionary War.

☐☐ **servant** ⓝ 부하, 하인, 노예, 종, 봉사자; 공무원, 관리
Fire is man's good and faithful **servant**.

☐☐ **servitude** ⓝ 노역, 징역, 노예 상태, 예속
In the early 2000s, those who tried to flee the country due to economic difficulty were sentenced to penal **servitude** for six months.

☐☐ **service** ⓝ 1 봉사, 공헌, 도움 2 사업, 업무, 시설 3 근무, 복무; 공무; 서비스
ⓐ 쓸모 있는, 튼튼한, 하인의, 봉사의, 근무의 ⓥ 수리하다, 보조하다, 공급하다
That store provides good **service** on its products.

487. sever / severe

☐☐ **sever** ⓥ 1 자르다, 절단하다, 분리하다 2 식별하다, 분간하다
His arm was **severed** from his body in the accident.

☐☐ **severe** ⓐ 1 엄한, 엄격한, 준엄한, 무서운, 가혹한 2 간소한, 수수한 3 심한, 맹렬한
The most **severe** form of vitamin C deficiency is scurvy.

488. shade / shadow

☐☐ **shade** ⓝ 1 그늘, 응달 2 차양 3 음영, 색조, 명암 ⓥ 1 그늘지게 하다, 흐리게 하다
In the summer, trees give us **shade** and keep us cool.

☐☐ **shadow** ⓝ 1 그림자, 그늘, 어스름 2 비호, 변호 3 위협, 불안
ⓥ 1 그늘지게 하다, 흐리게 하다, ~의 뒤를 좇다
The **shadow** of smile played over her face.

489. shipping / shipment

□□ **shipping**

ⓝ 1 선적, 적재 2 해운업 3 상선, 선박 톤 수; 수송, 운송

Look at the pictures. You may think it is a pirate **ship**.
The global **shipping** economy would not be possible like this.

□□ **shipment**

ⓝ 선적, 적재; 발송

If the North refuses to give out food aid to its people, **shipments** should be stopped.

490. shove / shovel / shiver

□□ **shove**

ⓥ 밀다, 밀어 넣다, 밀어붙이다, 떠맡기다, 강요하다

These people began to push and **shove** one another.

□□ **shovel**

ⓝ 삽 ⓥ 삽질하다

As he dug, his **shovel** encountered a hard object.

□□ **shiver**

ⓥ 후들후들 떨다(=tremble), 전율하다 ⓝ 떨림, 오한, 한기

He was **shivering** like a leaf!

491. simulate / stimulate / stipulate

□□ **simulate**

ⓥ 가장하다, 모의실험 하다, ~인 체하다, ~을 흉내 내다

He **simulated** the speech of an Englishman.

□□ **stimulate**

ⓥ 자극하다, 격려하다, 촉진시키다, 고무시키다

Exercise **stimulates** the circulation of blood.

□□ **stipulate**

ⓥ 규정하다, 약속하다, 보장하다

The opposition **stipulated** several conditions before agreeing.

492. single / singular

□□ **single**

ⓐ 1 단 하나의, 단독의, 유일한 2 성실한, 정직한 3 독신의, 미혼의
ⓥ 선출하다, 선발하다

She did not say a **single** word of gratitude.

□□ **singular**

ⓐ 1 단수의, 유일한, 하나뿐인 2 특이한, 독특한(=peculiar) 3 각자의

The noun 'mouse' is the **singular** form of 'mice'.

493. simulation / simultaneous / stimulation / stipulation

☐☐ **simulation** ⓝ 모의실험, 가장, 시뮬레이션
The **simulation** was so detailed that it included stars, galaxies, and black holes in the universe, which is about 330 million light-years across.

☐☐ **simultaneous** ⓐ 동시의, 동시에 일어나는, 동반의
The incident was almost **simultaneous** with their disappearance.

☐☐ **stimulation** ⓝ 자극, 고무, 흥분
The second rat was taught to press a lever when it received an electrical **stimulation**.

☐☐ **stipulation** ⓝ 약속, 규정, 조항, 조건, 계약
We can interpret it that the impeachment can be freely withdrawn as there is no special **stipulation** on this.

494. social / sociable / unsocial / non-social

☐☐ **social** ⓐ 1 사회의, 사회적인; 사회주의의 2 사교적인, 사교계의, 상류 사회의
Human beings are **social** creatures.

☐☐ **sociable** ⓐ 사교적인, 붙임성 있는; 친목적인
This is what makes salsa dancing fun and **sociable**.

☐☐ **unsocial** ⓐ 반사회적(反社會的)인, 비사회적인
He is more shy than **unsocial**.

☐☐ **nonsocial** ⓐ 비사회적(非社會的)인, 사회성이 없는; 비사교적인

495. spacial(-tial) / spacious

☐☐ **spacial** ⓐ 공간적인, 공간의, 장소의
He is a young boy with strong **spacial** awareness ability potential.

☐☐ **spacious** ⓐ 1 널따란, 널찍한, 넓은 2 광범위한, 포괄적인
It turned out that people who are in a **spacious** work place cheated more often on a test.

496. spectacle / spectacles / spectacular / spectator

□□ **spectacle**
ⓐ 1 장관, 광경, 구경거리 2 색안경, 선입관
The massive traffic jam was quite a **spectacle**.
The historical **spectacle** has also put books about Yi back on the bestseller list.

□□ **spectacles**
ⓝ 안경

□□ **spectacular**
ⓐ 볼만한, 장관의, 화려한, 멋진, 환상적인 ⓝ 대대적인 흥행물, 초대작
The results have been **spectacular**.

□□ **spectator**
ⓝ 관중, 관객, 구경꾼, 관찰자, 방관자
It is expected that the number of **spectators** will reach 6.5 million this year.

497. sprain / strain

□□ **sprain**
ⓥ 삐다
I **sprained** my ankle so badly.

□□ **strain**
ⓥ 1 잡아당기다, 긴장시키다; 열심히 노력하다 2 변형시키다, 왜곡하다, 확대해석 하다
ⓝ 1 긴장, 부담, 짐 2 종족, 혈통; 가계; 변종
He **strained** at the rope and the boat moved.

498. specify / specific / specialize

□□ **specify**
ⓥ 구체화하다, 명확히 하다, 구체적으로 하다; 상술하다
He didn't **specify** when he would return.

□□ **specific**
ⓐ 1 특유의, 독특한 ; 특정한(=specified) 2 명확한, 구체적인
This is a way of life **specific** to Korea.
Could you be a little more **specific**?

□□ **specification**
ⓝ 구체화, 열거, 세목, 내역
When will I be able to receive the product **specifications**?

□□ **specialize**
ⓥ 전문화하다, 특수화하다, 전공하다; 상술하다
This shop **specializes** solely in books about ballet.

□□ **specialization**
ⓝ 전문화, 특수화, 전문, 전공; 분화
Globalization implies increased international **specialization** and division of labor.

499. stable / staple

☐☐ **stable** ⓐ 안정된, 흔들리지 않는; 착실한; 영속하는 ⓝ 마구간, 축사
These ballet dancers are from the same **stable**.

☐☐ **staple** ⓝ 1 주산물, 기본 식품; 주요소, 주제 2 꺽쇠 3 원료, 재료 ⓐ 기본적인, 주요한
Rice is the **staple** of the Korean diet.

500. stack / stock

☐☐ **stack** ⓝ 더미; 서가 ⓥ 쌓아 올리다
They **stacked** hexagonal sleeping cells together, just like honeycombs in a beehive.

☐☐ **stock** ⓝ 1 주식, 증권 2 재고, 저장, 비축 3 (나무, 풀 따위의) 줄기 ⓐ 재고의; 주요한
ⓥ 갖추다, 사재다, 비축하다, 구입하다, 취급하다
That store **stocks** all kinds of goods.

501. stamp / stomp

☐☐ **stamp** ⓝ 우표, 도장, 인지 ⓥ 1 새겨 넣다, 찍다 2 짓밟다; 진압하다, 억누르다
He **stamped** his name on all his books.

☐☐ **stomp** ⓝ 발 구르기 ⓥ 발을 구르다
They can **stomp** people with their huge feet when they are angry.

502. stationary / stationery

☐☐ **stationary** ⓐ 정지된, 고정된, 움직이지 않는(=still, static), 변동이 없는
The exchange rate has remained **stationary**.

☐☐ **stationery** ⓝ 문방구, 문구
I usually buy some nice **stationery** from the store.

503. state / statement / statesman

☐☐ **state** ⓝ 1 국가, 주, 정부 2 상태, 형편, 모양, 양상, 사정 3 위엄, 품위 ⓥ 분명히 말하다
The country is ruled by a sultan, which is the head of the **state**.

☐☐ **statement** ⓝ 1 발표 2 진술, 공언 3 성명(서), 명세서
I do not agree with your last **statement**.

☐☐ **statesman** ⓝ 정치인, 정치가
The **statesman** and the politicus are relatively neglected in the modern literature.

504. statistical / satirical / satire

☐☐ **statistical** ⓐ 통계의, 통계상의, 통계적인
There is no **statistical** difference between the white parents and the black parents.

☐☐ **satirical** ⓐ 풍자적인, 비꼬는, 빈정대는
The historical piece delivers a striking **satirical** message.

☐☐ **satire** ⓝ 풍자, 해학
This novel is full of social **satire**.

505. static / statistics

☐☐ **static** ⓐ 정적인, 정지된 ⓝ 정전기, 전파방해; 잡음
Rubbing the balloons against woolen fabric or hair creates **static** electricity.

☐☐ **statistics** ⓝ 통계, 통계학, 통계자료, 통계수치
It is widely applied in mathematics, **statistics**, business management, economics, and computer science.

506. status / statue / statute / stature

□□ **status**
ⓝ 1 지위, 신분 2 상태, 현상, 사정
Recently, Kate Middleton's **status** stirred up controversy in the U.K.

□□ **statue**
ⓝ 동상, 조각상, 조상, 입상
They put up a **statue** to him after his death.

□□ **statute**
ⓝ 법령, 법규; 규칙; 법령서; 성문법
The National Security Law is a 25-article **statute** that allows pro-North Korean activities to be punished.

□□ **stature**
ⓝ 1 신장, 키 2 발달, 성장; 위업 3 명성, 평판
The ostrich attains a **stature** of eight feet.

507. stiff / steep

□□ **stiff**
ⓐ 1 뻣뻣한, 단단한, 딱딱한 2 움직임이 둔한 3 무리한, 힘든, 고된 ⓝ 시체
The shorthair cats at my house have very **stiff** leg joints.

□□ **steep**
ⓐ 1 가파른, 급격한, 험준한 2 엄청난, 극단적인 ⓝ 가파른 언덕, 경사
ⓥ 우려내다; 몰두하다, 열중하다
The roof is **steep**.

508. sting / stink / tinge

□□ **sting**
ⓥ 1 (벌레가) 쏘다, 찌르다 2 괴롭히다, 가책하다 ⓝ 가시, 찌르기; 신랄함
If you got **stung** by a jellyfish, how can you treat it?

□□ **stink**
ⓥ 악취가 나다; 평판이 나쁘다 ⓝ 1 고약한 냄새, 악취 2 악평; 추문
Sweat itself doesn't **stink** unless it touches human skin.

□□ **tinge**
ⓝ 엷은 색조, 기미 ⓥ 엷게 물들이다, 착색하다
The warmth of fire **tinged** her cheeks with red.

509. stinger / stingy / stigma

☐☐ **stinger** ⓝ 침 있는 동물, 가시 있는 식물; 침
The scorpion also has a pair of claws and a tail with a **stinger**.

☐☐ **stingy** ⓐ 1 가시가 있는, 침 있는 2 인색한, 구두쇠의
Don't be **stingy** with the butter.

☐☐ **stigma** ⓝ 치욕, 오명, 오점, 낙인
There is still a **stigma** about them being allowed to fight alongside men on the front line.

510. straight / strait

☐☐ **straight** ⓐ 1 곧은, 일직선의; 솔직한, 정직한, 올바른, 일관된
2 직립의, 수직의, 수평의 3 연속적인
To our surprise, he has won the competition six years **straight**!

☐☐ **strait** ⓝ 1 해협 2 곤경, 곤궁, 경제적 궁핍 ⓐ 1 좁은, 답답한 2 엄한
The 44-year-old swimmer has swum three other **straits** since May.

511. stride / strive / struggle

☐☐ **stride** ⓥ 성큼성큼 걷다 ⓝ 활보, 큰 걸음; 진보, 발전, 진전
If you noticed, everyone started off with their own **stride**, their own pace.

☐☐ **strive** ⓥ 노력하다, 애쓰다, 분투하다, 싸우다
Each **strove** with the others for the highest honors.

☐☐ **struggle** ⓥ 분투하다, 투쟁하다, 애쓰다 ⓝ 싸움
The government is **struggling** to keep its bikes under control.

512. strip / stripe

☐☐ **strip** ⓥ 1 벗기다, 없애다 2 제거하다, 박탈하다, 빼앗다 ⓝ 길쭉한 조각, 작은 조각
Prisoners are deemed irresponsible and their rights are **stripped** away.

☐☐ **stripe** ⓝ 줄무늬, 줄
Their **stripes** look similar, but each zebra has unique stripe patterns!

513. submit / transmit / vomit

□□ **submit** ⓥ 1 제출하다, 제시하다 2 복종하다, 항복하다, 굴복하다
This is the new theory **submitted** by researchers at Oxford University, U.K.

□□ **transmit** ⓥ 1 전송하다, 부치다, 보내다, 송달하다, 전하다, 전달하다 2 전염시키다
This canal **transmits** water to the fields for irrigation.

□□ **vomit** ⓥ 1 게워내다, 토하다; 분출하다 2 구토물; 분출
The child **vomited** when he had the flu.

514. submission / transmission

□□ **submission** ⓝ 1 복종, 항복, 순종 2 제출(물)
The report is ready for **submission** to the boards of directors.

□□ **transmission** ⓝ 송달, 전달, 전도, 전송; 방송; 전염
Power thievery, along with poor **transmission**, accounts for 30 percent of electricity losses in India.

515. suit / suite

□□ **suit** ⓝ 양복, 정장, 소송(=lawsuit) ⓥ 마음에 들다, 어울리다
He likes to wear **suits**.

□□ **suite** ⓝ 한 벌, 세트, 호텔 특실; 모음곡
The singer reserved a three-bedroom **suite** at the Wisteria Hotel.

516. succeed / success / succession / successor

□□ **succeed** ⓥ 성공하다; 계속되다, 상속하다, 계승하다; 후임이 되다
He regretted that he **succeeded** to the farm.

□□ **success** ⓝ 성공, 성과, 성공한 사람; 출세
His new book has achieved a remarkable **success**.

□□ **succession** ⓝ 연속, 계속, 상속, 계승
He drew on the cigarette several times in quick **succession**.

□□ **successor** ⓝ 후계자, 상속인, 후속, 후손
It is obvious that Ferguson's **successor** will shoulder a heavy responsibility.

517. successful / successive / successional

☐☐ successful — ⓐ 성공한, 성공적인, 출세한; 합격한
The world is seeing the rise of **successful** female politicians..

☐☐ successive — ⓐ 잇따르는, 연속적인, 잇단
They found that each **successive** supercontinent formed 90 degrees away from its predecessor.

☐☐ successional — ⓐ 연속적인, 연면한, 상속 순위의
It is used to study **successional** changes.

518. superior / inferior / prior / superiority / inferiority / priority

☐☐ superior — ⓐ 1 우월한, 위의, 높은, 상급의, 상위의, 뛰어난, 우수한 2 중요한 3 교만한
His car is much **superior** to ours.

☐☐ inferior — ⓐ 1 열등한, 하위의, 낮은, 조악한, 열악한 2 보통의, 평범한 ⓝ 후배, 열등한 사람
His second novel was **inferior** to the first.

☐☐ prior — ⓐ 이전의, 앞서, 먼저의, 기존의, ~보다 우선하는; 더 중요한
Prior to the test, two groups were asked to watch a funny video.

☐☐ superiority — ⓥ 1 중지하다, 중단하다, 정지하다 2 매달다, 걸다 3 보류하다, 미루다, 연기하다
He has a **superiority** over the others.

☐☐ inferiority — ⓝ 열등, 열세, 하위, 조악, 하급
They turn violent if people touch their sense of **inferiority** hiding inside them.

☐☐ priority — ⓝ 우선순위, 상위, 우위, 우선
Ambulances have **priority** over other vehicles.

519. suspend / suspense / suspension

☐☐ suspend — ⓥ 1 중지하다, 중단하다, 정지하다 2 매달다, 걸다 3 보류하다, 미루다, 연기하다
Particles of soot were **suspended** in the air.

☐☐ suspense — ⓝ 1 긴장, 걱정, 불안, 근심 2 일시적 중단 3 미결, 불안정
This built up **suspense** for several chapters of the book.

☐☐ suspension — ⓝ 1 (일시적) 정지, 보류; 매달기 2 정학 3 현가(충격완화)장치, 완충장치
The picture depicts an instance of family life caught in **suspension**.

520. sweep / weep / wipe

□□ sweep	ⓥ 1 휩쓸다, 청소하다, 쓸다; 휙 지나가다 2 압승하다, 연승하다 3 조사하다 She was **swept** along in the crowd.
□□ weep	ⓥ 울다, 눈물을 흘리다, 슬퍼하다 Citizens mourned and **wept** in the streets.
□□ wipe	ⓥ 1 닦다, 없애다, 청산하다, 제거하다, 지우다 2 쓸다, 문지르다; 파괴하다 When cleaning the keyboards, **wipe** with a soft, lightly moistened cloth.

521. sympathize / empathize / emphasize

□□ sympathize	ⓥ 1 동정하다, 공감하다 2 찬성하다, 동감하다 3 일치하다, 감응하다 He **sympathized** with the girl in her grief.
□□ empathize	ⓥ 감정이입을 하다, 공감하다 Just pay attention, keep focused, and **empathize** or put yourself in the person's shoes.
□□ emphasize	ⓥ 강조하다, 역설하다, 중요시하다; 강력하게 표현하다 The doctor **emphasized** that the patient had only a few days to live.

522. sympathy / empathy / apathy / antipathy / emphasis

□□ sympathy	ⓝ 동정, 연민, 공감; 동의, 호감; 일치 조화 I think the true meaning of sharing is to have **sympathy** with others.
□□ empathy	ⓝ 감정이입, 공감 It teaches you to express **empathy** and see how people respond.
□□ apathy	ⓝ 냉담, 무감각, 무관심 He has an **apathy** to all that concerns others.
□□ antipathy	ⓝ 반감, 혐오, 비위에 맞지 않음 During this period, public **antipathy** toward the trusts increased.
□□ emphasis	ⓝ 1 강조, 역설, 중점, 중시, 주안점 2 강한 어조, 확연함 He spoke with **emphasis** on his favorite issue.

T

523. technique / technical

☐☐ **technique**
ⓝ 1 (전문) 기술, 수법, 기법 2 솜씨, 기교
This new **technique** accelerates the natural process of repairing decayed teeth.

☐☐ **technical**
ⓐ 1 기술적인 2 전문적인 3 숙달한, 정통한
There were some difficult **technical** words, but I managed them.

524. temper / tempo / temporary / temporal / temperature / contemporary

☐☐ **temper**
ⓝ 1 기질, 기분; 성품, 성질 2 경향, 추세 3 화; 침착, 냉정
Bulls are incredibly unpredictable and hot-**tempered**.

☐☐ **tempo**
ⓝ 빠르기, 템포, 속도
I prefer quick **tempo** music.

☐☐ **temporary**
ⓐ 1 일시적인, 한때의, 순간의, 덧없는 2 임시의, 임시변통의
Currently, around 325,000 people are still living in **temporary** houses.

☐☐ **temporal**
ⓐ 1 시간의 2 현세의, 세속의 3 한때의, 순식간의, 덧없는 ⓝ 관자놀이 뼈
These are spikes in your **temporal** lobe.

☐☐ **temperature**
ⓝ 1 온도 2 체온
This is because when you sleep, your body **temperature** goes down.

☐☐ **contemporary**
ⓐ 현대의, 당대의, 동시대의, 동시대의 사람
The opposition must understand that **contemporary** prisons are the result of a failed utopian experiment.

525. terrible / terrific

☐☐ **terrible**
ⓐ 1 무서운, 지겨운, 끔찍한(=awful), 엄청난 2 지독한, 가혹한, 엄한, 심한
Sadly, he had to give up because of injury and **terrible** weather condition.

☐☐ **terrific**
ⓐ 1 굉장한, 멋진, 훌륭한(=awesome =cool =gorgeous) 2 맹렬한, 무서운
Although we value our privacy, we go through **terrific** lengths to keep it.

526. thrive / contrive

□□ **thrive** ⓥ 번성하다, 번영하다(=flourish), 성장하다, 확장하다
The town **thrives** primarily on tourism

□□ **contrive** ⓥ 연구하다, 고안하다, 발명하다, 궁리하다
I **contrived** a way for him to meet her.

527. throb / sob / stab / snob / snobbish

□□ **throb** ⓥ 1 고동치다, 두근거리다, 지근거리다 2 진동하다 ⓝ 고동, 맥박, 진동
My arm **throbbed** with pain.

□□ **sob** ⓥ 흐느껴 울다 ⓝ 흐느낌, 흐느껴 울기
She choked back her **sobs** with difficulty.

□□ **stab** ⓥ (칼로) 찌르다, 손상시키다, 상처를 입히다 ⓝ 찌르기, 시도, 도전
His cruelty **stabbed** me to the heart.

□□ **snob** ⓝ 속물, 도도한 사람
Why are there so many upper class **snobs** in NY?

□□ **snobbish** ⓐ 속물의, 속물근성의, 신사인 체하는

528. through / thorough / throughout / though

□□ **through** ⓟ ~을 통과하여, ~을 뚫고, ~을 지나서; ~을 두루; ~동안 내내
He caught a slew of bullets **through** the head and back.

□□ **thorough** ⓐ 철저한, 완전한, 면밀한, 전적인; 숙련된
He is **thorough** in his work.

□□ **thoroughly** ⓐⓓ 철저히

□□ **throughout** ⓟ (시간) ~을 통하여, (장소) ~에 걸쳐서, 도처에, 두루; ~동안 내내
She fully engaged herself **throughout** the trips with thrift and saving.

□□ **though** ⓒ ~이지만, ~에도 불구하고 ⓐⓓ 그러나, 그렇지만
Though it had stopped raining, the wind was still blowing.

529. transplant / transparent / transparency

☐☐ **transplant** ⓥ 이식하다, 옮겨 심다 ⓝ 이식; 이주; 이전
He also received a liver **transplant** in the U.S. in early 2009.

☐☐ **transparent** ⓐ 명백한, 투명한, 속 보이는, 솔직한
This is because it is a **transparent** fish!

☐☐ **transparency** ⓝ 투명성, 투명도, 투명
It is a matter of personal objectivity and **transparency**.

530. transfer / transfuse / transcribe

☐☐ **transfer** ⓥ 1 옮기다, 넘겨주다, 갈아타다; 전학 가다 2 바꾸다 3 양도하다
Her enthusiasm was **transferred** to us.

☐☐ **transfuse** ⓥ 불어넣다, 주입하다, 수혈하다
Doctors were unable to **transfuse** blood into him because of his collapsed veins.

☐☐ **transfusion** ⓝ 수혈, 주입
She survived thanks to emergency blood **transfusions**!

☐☐ **transcribe** ⓥ 1 베끼다, 옮겨 쓰다, 복사하다 2 기록하다
I have **transcribed** the Korean into Roman characters.

531. transit / transition / transitional / transient

☐☐ **transit** ⓝ 1 통과, 통행 2 수송 (수단), 운반, 통로 ⓥ 통과하다, 횡단하다; 연결되다, 이동시키다
Vending companies and mass **transit** agencies support the use of the $1 coin.
public **transit**

☐☐ **transition** ⓝ 변화, 변천, 추이, 과도기
One method that can assist in this **transition** is by obtaining part-time employment.

☐☐ **transitional** ⓐ 과도기적인, 변천하는
This stage in one's life is the **transitional** period from childhood to adulthood.

☐☐ **transient** ⓐ 1 일시적인, 순간적인, 덧없는 ⓝ 일시적인 사람[것]
A **transient** ischemic attack, or TIA, is a mini or warning stroke.

532. transmit / transform / transgress

□□ transmit

ⓥ [1] (화물 등을) 보내다, 부치다, 송달하다 [2] (빛, 열 등을) 전도하다; 전염시키다 [3] (지식 등을) 전파하다, 보급하다
The cold virus is often **transmitted** through hand to hand contact.

□□ transmission

ⓝ [1] 송달, 전달, 전도 [2] 변속기 [3] 방송
The **transmission** level depends on the greeting type,"duration and grip", the study said.

□□ transform

ⓥ [1] 변형시키다, 바꾸다, 변화시키다, 전환하다 [2] 만들다
The city was **transformed** into a battlefield.

□□ transgress

ⓥ (법을) 위반하다(=violate), 어기다, 넘다
Anyone who **transgresses** will be severly punished.

533. transport / transcend / transmute / transaction

□□ transport

ⓥ [1] 수송하다, 운송하다, 나르다, 이동하다 [2] 추방하다 ⓝ 교통
A few U.S. Navy ships are being used to **transport** the human breast milk.

□□ transportation

ⓝ 수송, 운송, 운수; 교통
People often take taxis because it is a convenient form of **transportation**.

□□ transcend

ⓥ 초월하다, 능가하다, 넘다, 낫다; 탁월하다, 우수하다
Cultural properties are products of a spiritual nature that **transcend** time.

□□ transmute

ⓥ 변형시키다, 바꾸다, 변질하다
Matter **transmutes** into energy.

□□ transaction

ⓝ 집행, 처리, 거래, 취급
The bank charges a fixed rate for each **transaction**.

534. trouble / troublesome

□□ **trouble**
ⓝ 고생, 걱정, 근심 ; 수고, 노력
ⓥ 1 괴롭히다, 난처하게 하다 2 ~에게 폐를 끼치다, 수고롭게 하다
His heart is full of **trouble**.
May I **trouble** you to pass the paper?

□□ **troublesome**
ⓐ 골치 아픈, 귀찮은, 다루기 힘든
The family has another **troublesome**.

535. trust / entrust / thrust

□□ **trust**
ⓥ 믿다, 신뢰하다, 맡기다 ⓝ 신뢰, 믿음, 신탁, 확신; 신용거래; 의무, 책임
He **trusted** in his friends to get him out of his difficulties.

□□ **entrust**
ⓥ 맡기다, 위임하다, 위탁하다
I **entrusted** him with the care of the child.

□□ **thrust**
ⓥ 1 밀다, 찌르다 2 추진하다, 생겨나다, 떠넘기다 3 나서다, 참견하다; 돌진하다
The rocket is propelled by the **thrust** created by chemical reaction.

536. tune / turn / tone / torn

□□ **tune**
ⓥ 1 조율하다, 연주하다 2 서로 맞다, 조화시키다, 동조시키다
ⓝ 곡, 곡조; 화합, 조화, 일치
Do you know the **tune** to this song?

□□ **turn**
ⓥ 1 바꾸다, 전환하다, 뒤집다 2 돌리다; 되다
Our blood vessels get smaller when we **turn** our heads.

□□ **tone**
ⓝ 1 어조, 소리, 톤, 신호, 음조 2 명암, 색조 3 기분, 기질, 성질
The glass with the most water will have the lowest **tone**.

□□ **torn**
ⓥ tear의 과거분사형

U

537. urban / urbane

☐☐ **urban** ⓐ 도시의, 도시에 사는; 도시풍의
According to a recent report, China will become an **urban** country in five years.

☐☐ **urbane** ⓐ 1 도회풍의, 세련된(=refined) 2 예의 있는, 점잖은, 품위 있는
You told me my writing was smart and **urbane**.

538. uniform / uniformity / deformity

☐☐ **uniform** ⓐ 한결같은, 일정한 ⓝ 제복 ⓥ 균일화하다, 동일화하다
The Korean government will send **uniforms** to the schools soon.

☐☐ **uniformity** ⓝ 1 일체, 획일성, 동일, 한결같음 2 불변성, 일관성(=consistency)
During the 1950s, a sense of **uniformity** pervaded American society.

☐☐ **deformity** ⓝ 기형, 신체 장애인, 보기 흉함
In addition, the poor dolphin was suffering from a spine **deformity**.

539. unit / unite

☐☐ **unit** ⓝ 단위, 구성 ; 단일체
The family is a **unit** of society.

☐☐ **unite** ⓥ 결합하다, 합병하다 ; 맺다, 결혼시키다
England and Scotland **united** in 1707.

V

540. vacancy / vacant / vacuum

□□ **vacancy**
ⓝ 1 공허, 공(空) 2 빈자리, 공석, 결원 3 방심
His death caused a **vacancy** in the senate.

□□ **vacant**
ⓐ 1 텅 빈, 공허한 2 비어 있는, 공석인 3 한가한
Since his successor has yet to be chosen, the chairmanship remains **vacant**.

□□ **vacuum**
ⓝ 1 진공, 공백, 공허, 고립 상태 ⓐ 진공의 ⓥ 진공청소기로 청소하다
John's death left a **vacuum** in her life.

541. vegetable / vegetation / vegetarian / veterinarian / veteran

□□ **vegetable**
ⓝ 채소, 야채; 식물
Of course there are essential nutrients in green leafy **vegetables**.

□□ **vegetation**
ⓝ 1 식물, 초목; 식물의 생장 2 무위도식
The pace of **vegetation** is at its height in the rainy season.

□□ **vegetarian**
ⓝ 채식주의자 ⓐ 채식주의의, 채식의
She was a strict **vegetarian**.

□□ **veterinarian**
ⓝ 수의사
They have chances to become a **veterinarian** or a zoo keeper.

□□ **veteran**
ⓝ 퇴역군인, 고참; 베테랑 ⓐ 노련한
He is a **veteran** newspaper reporter.

542. valid / validity / void / voidness

□□ **valid**

ⓐ ¹ 타당한, 근거가 확실한, 정당한 ² (법률적으로) 유효한, 합법적인
His signature makes the will **valid**.

□□ **validity**

ⓝ 정당성, 타당성, (법률적) 유효성, 객관성; 효력
Lawmakers and social welfare experts are skeptical about the **validity** of such information.

□□ **void**

ⓐ 공허한, 빈, 결핍된, 무효의 ⓝ ¹ 공간, 허공, 빈자리, 공석 ² 공허감, 상실감
ⓥ 무효로 하다, 취소하다, 비우다
All the functions of the cell phone thus become **void**.

□□ **voidness**

ⓝ 공허함, 텅빔, 무효
See it in **voidness**, its true nature.

543. vacation / vocation / avocation

□□ **vacation**

ⓝ 휴가, 방학 ⓥ 휴가를 얻다
We had our **vacation** at the lake.

□□ **vocation**

ⓝ ¹ 직업, 천직 ² 사명(감)
He has made a **vocation** of giving lectures on popular topics.

□□ **avocation**

ⓝ 부업, 취미
My father plays golf. What is your father's **avocation**?

544. vague / vagueness / vogue

□□ **vague**

ⓐ ¹ 애매한, 희미한, 모호한, 불확실한, ² 막연한
The exact location of the crash is **vague**.

□□ **vagueness**

ⓝ 애매함, 분명치 않음
Morality suffers from **vagueness** when it comes to looking for practical solutions to moral problems.

□□ **vogue**

ⓝ 유행, 인기, 평판
There is a great **vogue** for high boots among young women.

545. valuable / invaluable / valueless / valued / unvalued

□□ **valuable** ⓐ 소중한, 귀중한, 가치 있는, 값비싼 ⓝ 귀중품
This reference is **valuable** for my research.

□□ **invaluable** ⓐ 매우 가치 있는, 대단히 귀중한
invaluable jewelry
His advice was **invaluable** to me.

□□ **valueless** ⓐ 가치 없는, 하찮은, 무가치한
valueless information
They are not terrorists, and their lives are not **valueless**.

□□ **valued** ⓐ 높이 평가되는, 귀중한, 존중받는

□□ **unvalued** ⓐ 가치를 인정받지 못한, 진가가 인정되지 않은, 하찮은, 경시된, 미평가된

546. vest / vast / vastness

□□ **vest** ⓝ 조끼, 셔츠 ⓥ (권리를) 주다, ~에 귀속하다
The **vest** receives various signals from the book through networked sensors and actuators.

□□ **vast** ⓐ 방대한, 거대한, 대단한, 막대한
The country also has **vast** mineral reserves.

□□ **vastness** ⓝ 광활함

547. vary / variation / various / variable

□□ **vary** ⓥ 1 다양하다, 다르다, 차이를 주다 2 바꾸다, 변경하다, 수정하다
The teacher **varies** his teaching materials every year.

□□ **variation** ⓝ 변형, 변화, 변동, 변주, 차이
There was a temperature **variation** of 10° between last week and this week.

□□ **various** ⓐ 다양한, 서로 다른, 여러 가지의; 많은; 얼룩덜룩한
There has been snow today in **various** parts of the country.

□□ **variable** ⓐ 1 변하기 쉬운, 변덕스러운; 가변적인 2 다양한 ⓝ 변수
The weather is **variable** in this part of the country.

548. revenge / avenge / vengeance / revengeful

□□ **revenge**
ⓝ 보복, 분풀이 ⓥ 앙갚음하다
He **revenged** his dead father.

□□ **avenge**
ⓥ 복수하다, 앙갚음하다, 원수를 갚다
Scotland's stunning victory **avenged** last year's humiliating defeat by Wales.

□□ **vengeance**
ⓝ 복수, 앙갚음
He took **vengeance** on the enemy for killing his family.

□□ **revengeful**
ⓐ 복수심에 불타는, 앙심을 품은
Dantes puts his **revengeful** plans into action.

549. vocable / irrevocable

□□ **vocable**
ⓝ 단어, 낱말; 모음(=vowel) ⓐ 말할 수 있는
A **vocable** consists of one or a sequence of phonemes.

□□ **irrevocable**
ⓐ 돌이킬 수 없는, 취소할 수 없는
A credit is **irrevocable** even if there is no indication to that effect.

W

550. wage / wedge / edge

☐☐ **wage** ⓝ 임금, 급여, 노임, 삯 ⓥ 벌어지다, 토론하다, 투쟁하다
Their **wages** were cut by three percent.

☐☐ **wedge** ⓝ 1 쐐기 2 발단, 실마리 ⓥ 1 갈라놓다, 끼어들다; 쐐기로 고정시키다, 쑤셔 넣다
Under autumn's full moon, a covey of wild geese flied in **wedge** formation.

☐☐ **edge** ⓝ 1 가장자리, 끝; 날, 예리함; 신랄함, 날카로움 2 장점, 우세 3 임박한 순간
edge out : 근소한 차이로 이기다
The top priority for automakers in obtaining the competitive **edge** is now design.

551. warfare / welfare

☐☐ **warfare** ⓝ 전쟁, 전투, 무력충돌
At times nationalism is responsible for an increase in the scale of **warfare**.

☐☐ **welfare** ⓝ 복지, 후생, 보호, 안녕, 행복
Then again, **welfare** without growth for those receiving welfare is quite pointless.

552. whole / wholesome

☐☐ **whole** ⓐ 모든, 전부의(=entire), 완전한, 순수한 ⓝ 전체, 전부
The **whole** of the harbor was destroyed by the earth quake.

☐☐ **wholesome** ⓐ 1 유익한, 건전한 2 건강에 좋은(=healthy)
Eating **wholesome** foods is important, specifically foods that are low in fat and calories.

553. wicked / wreck

☐☐ **wicked** ⓐ 사악한, 심술궂은, 부도덕한, 악의 있는
It's **wicked** of you to do such things.

☐☐ **wreck** ⓝ 난파(선), 파손, 잔해 ⓥ 난파시키다, 망가뜨리다
Two trucks **wrecked** at the intersection.

554. willing / willful

□□ **willing**

ⓐ **마음이 내키는, 기꺼이 ~하는, 흔쾌한(↔ reluctant)**
I am **willing** to follow you.

□□ **willful**

ⓐ **[1] 고집 센, 옹고집의 [2] 계획적인, 의도적인(=deliberate)**
She was a **willful** child.

MEMO

수능 외국어영역 1등급을 위한 알찬 마무리
혼동하기 쉬운 영단어

초판 1쇄 2023년 7월 24일

지은이. **최연미**

디자인. **JandY**
펴낸 곳. **크리킨디**
문의. **010.5270.7018**

ISBN. **979-11-983710-0-3 43740**
정가. **15,000원**